AI 赋 能 未 来 工 程

北 大 附 小 创 变 者 计 划

AI 前沿对话

科学家之声

主 编

王添淼

副主编

庄 严 姚 琨 熊校良

中国少年儿童出版社

北 京

图书在版编目（CIP）数据

AI前沿对话 ：科学家之声 / 王添淼主编. -- 北京 ：
中国少年儿童出版社，2025. 9. -- （AI赋能未来工程 ：
北大附小创变者计划）. -- ISBN 978-7-5148-9909-2

Ⅰ. G622.421-39

中国国家版本馆CIP数据核字第2025CH5154号

AI QIANYAN DUIHUA
KEXUEJIA ZHI SHENG
（AI赋能未来工程：北大附小创变者计划）

出版发行：中国少年儿童新闻出版总社
　　　　　中国少年儿童出版社

执行出版人：张晓楠

责任出版人：刘 浩

责任编辑：叶 丹 杨 靓 王志宏 刘 浩　　　封面设计：孙美玲
　　　　　吴 霞 刘 露 盛 宁 李心泊　　　责任校对：刘文芳
美术编辑：赫惠倩 邬彩文　　　　　　　　　责任印务：李 洋
插　　图：TPG/alamy 视觉中国　（本书部分图片由AI生成）

社　　址：北京市朝阳区建国门外大街丙12号　　邮政编码：100022
编 辑 部：010-57526351　　　　　　　　　总 编 室：010-57526070
发 行 部：010-57526258　　　　　　　　　官方网址：www.ccppg.cn

印刷：北京印刷集团有限责任公司

开本：720mm×1000mm 1/16　　　　　　　印张：8.5
版次：2025年9月第1版　　　　　　　　　印次：2025年9月第1次印刷
字数：212.5千字　　　　　　　　　　　　印数：1—5000册

ISBN 978-7-5148-9909-2　　　　　　　　　定价：38.00元

图书出版质量投诉电话：010-57526069　电子邮箱：cbzlts@ccppg.com.cn

"AI 赋能未来工程: 北大附小创变者计划"丛书
编委会

主 任

王添淼

副主任

王腾蛟　何立新

委 员

（按姓氏笔画排列）

马 佳　马立军　马玲玲　王 泓　王 敏

宁方京　任 辉　庄 严　刘月华　刘桂红

李 岩　李 维　李 颖　李秀萍　杨重生

金 文　段燕梅　姚 琨　莫 晖　贾 宁

贾继红　徐 征　郭向军　黄昳婧　魏 然

主编的话

　　这本书的内容源自北京大学附属小学成功实践的讲座精华，由来自北京大学计算机学院的王腾蛟、刘譞哲、王韬、熊校良以及来自清华大学的董浩五位 AI 前沿研究者联袂打造，在确保内容的科学性、前瞻性与高度专业性的同时，完美融合了小学生认知特点与实际教学场景，是一本为蓬勃兴起的 AI 教育赋能的有益读本。

　　本书系统构建了小学阶段的 AI 知识框架。第一讲从"人工智能之父"图灵讲起，深入浅出地剖析了 AI 核心原理、发展历史，以及未来哪些工作可能被人工智能取代，哪些工作暂时很难被人工智能取代，我们怎么让 AI 变身为同学们的全能学习搭档。第二讲系统阐述了机器人的定义、"ROBOT"这个词的来源，展示了各种各样的机器人，揭示了智能机器人的奥秘。第三讲以有趣的问题为切入点，生动地讲述了人工智能的工作原理，指出人类要用好人工智能，重要的是向它准确地提出自己的问题。第四讲形象地展示了科技挑战的典范。机器人从下棋"转行"踢球，面临着哪些难关，又需要哪些能力？第五讲描绘了生成式 AI 有多强大，AI还在哪些鲜为人知的领域大显身手，以及 AI 驱动的科学未来是怎样的。这本书不仅承载知识，还有利于培养我们的探究精神、责任意识和创新思维。

　　希望《AI 前沿对话：科学家之声》能够帮助读者们抓住时代赋予的机遇，点燃对 AI 前沿科技的热情，培养面向未来的关键能力与责任感！

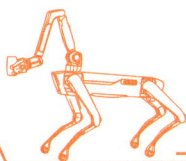

目 录

第一讲
开启 AI 之门
拓展未来之路

同学们，欢迎你们和我一起走进炫酷的 AI 世界！我是 AI 博士。在接下来的趣味旅程中，我将带大家揭开人工智能的神秘面纱。想了解机器人是怎样炼成的吗？想知道人工智能为什么这么聪明吗？快搭上我的探索列车出发！

开启 AI 之门：从探索到"顿悟"！

谁是人工智能之父？

同学们，我们先来思考一个问题，你们知道"I propose to consider the question, 'Can machines think?'"这句话什么意思？是谁说的吗？

这句话是"人工智能之父"——图灵说的。

这句话的意思是：

"我想探讨一下，机器能不能像人一样思考呢？"

这个非常有意思的问题是图灵在 1950 年提出的。

It's me!

艾伦·麦席森·图灵
（1912.6.23 — 1954.6.7）
英国计算机科学家、数学家、
逻辑学家、密码分析学家、
理论生物学家

　　因为这个启发性的问题，很多人都开始研究机器是不是也能像人一样思考。这个问题打开了一扇新的大门，让好多人开始了对机器和人工智能的探索。

　　图灵不仅在年轻时就为计算机科学和人工智能埋下基石，在第二次世界大战期间，更是运用他的计算机算法和数学智慧，破译了密码，帮助二战提前两年结束，拯救了无数人的生命。

微信扫一扫
为什么连英镑上都印着
图灵的头像

为什么说图灵是"人工智能之父"呢？

图灵小时候就表现出了过人的天赋，16 岁就能看懂爱因斯坦的书。1936 年,25 岁的图灵发表了一篇高水准的论文——《论可计算数及其在判定问题上的应用》。

这篇论文的题目记不住没关系！你只要知道这篇文章就像一把神奇的钥匙，打开了现代计算机诞生的大门，就可以了。

后来，他又设计了一个非常厉害的模型——图灵机，这是一种抽象的计算模型。这个模型让后来的科学家可以根据它研发出真正的计算机。

小 贴 士

　　图灵机是一个想象中的虚拟机器，包含一条无限长的纸带和一个可以读写的探头。纸带可以左右移动，上面被分成了无数个小格子。探头每次可以读取或者改写纸带上一个格子中写的内容。

　　计算机的语言由 0 和 1 组成，如果给图灵机有关读取或写下 0/1 的指令，并且指令足够多，那么理论上图灵机可以实现一切简单或复杂的算法。

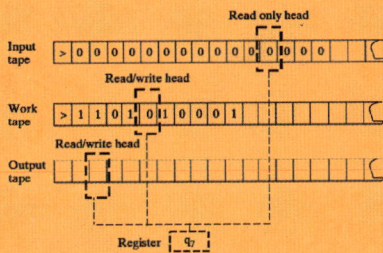

第二次世界大战后，图灵参与研制早期计算机。

　　要知道没有计算机，人工智能就没法儿开始。

　　1948 年，图灵又给出了一份非常专业的报告，标题叫"智能机器"。在这个报告里，他提出了用机器实现智能的可能性，并且探讨了若干种实现的方法。

这就好像是他给人工智能的发展找到了很多宝藏，让科学家们可以去挖掘。

他觉得可以设计一个通用的机器，就像教小孩子一样，一点点地教它成长。

机器学习最初的想法

他还提出可以通过奖励和惩罚来教育机器，就好像是你在教小狗一样，表现好的时候就给它好吃的，表现不好的时候就惩罚它。

早期强化学习的思路

他甚至还提出了通过模拟生物进化和群体活动来实现智能的方法。这就好像是让机器像小动物一样，通过自己的努力去成长和学习，从而变得越来越聪明。

图灵给人工智能的发展指明了方向，让科学家们知道该往哪里努力！

1950 年，图灵又发表了一篇非常重要的论文，题目叫《计算机器与智能》。在这篇文章中，图灵探讨了机器智能的判定问题，并且提出了一个非常有意思的假想实验，这个实验后来被称为**图灵测试**。

AI 博士小讲堂

图灵测试——AI 能骗过人类吗？

假如你正在参加图灵测试。想象一下，你隔着墙和一个"人"聊天儿，但你看不见它。如果聊了很久，你都分不清它是真人还是机器，那这个 AI 就通过测试啦！

举个例子

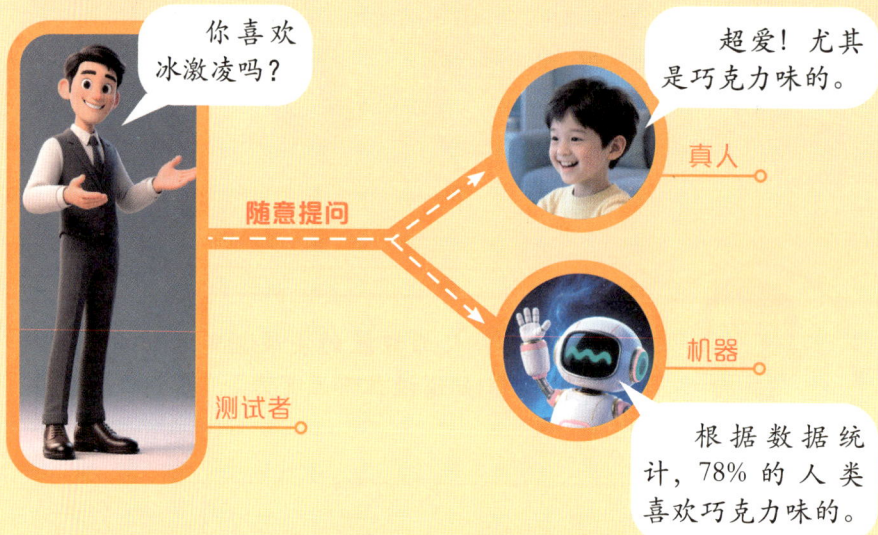

关键点

图灵测试就像一场"AI 伪装大赛"，看 AI 能不能装得像人类！现在的 AI（比如大语言模型）已经能骗过很多人啦！

同学们，我来考考你们：

想一想

真假难辨小侦探

如果让你用 3 个问题判断屏幕对面是人还是 AI，你会问什么？

试一试

家庭图灵测试

① 家长和孩子分别用纸条回答相同问题。

② 混合答案让其他家庭成员猜哪个是人写的。

③ 记录哪些回答最容易被混淆？为什么？

科幻成真时刻：我们熟悉的机器故事

我们已经了解了伟大的图灵，明白了他被称为"人工智能之父"的原因。我们再来看看人工智能在电影和现实生活中的奇妙故事。

相信许多同学看过《星球大战》《终结者》《机器人总动员》《阿凡达》等电影。这些影片中有许多与人工智能相关的情节。

在《星球大战》中，一个著名的场景是：一个人伸出一只手，手上出现了一个影像，影像还能与人对话。

在《终结者》中，出现了拥有超强战斗能力的机器人。

在《机器人总动员》中，瓦力是一个既可爱又聪明的小机器人，它能在垃圾堆里寻找宝物，还能与人类建立友谊。

而在《阿凡达》中，存在着许多高科技元素，例如会飞的动物、会发光的植物、能战斗的机器人等，那里仿佛是一个充满梦幻的未来世界。

如今，电影中许多神奇的场景已变为现实。例如，会下棋的阿尔法狗（AlphaGo），其棋艺之高超令人惊叹，甚至超越了众多围棋高手。

自动驾驶技术也已被应用，汽车能够在不需要人类驾驶员的情况下自主行驶。

此外，波士顿动力公司研发的机器人更是令人瞩目，它们能够奔跑、跳跃、翻滚，甚至完成家务劳动，其动作灵活自如，与电影中的机器人形象非常相似。

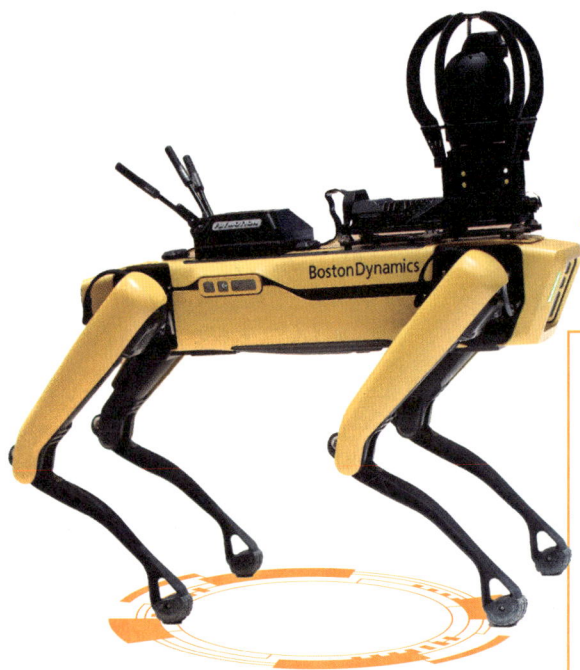

看到了吧，我们正生活在一个充满奇迹的时代，曾经只在科幻电影中出现的场景，如今正在逐步走进我们的现实生活。

未来，一定还会有更多更强大的人工智能技术出现，为我们的生活带来更多的惊喜和变化。

第二节

机器人进化日记

从跌跌撞撞到跑酷高手

机器人的成长历程并不容易。这就好比人类，刚出生时除了会叫爸爸妈妈，很重要的一件事就是要学会站起来；等站稳了，得接着学怎么走路；等能走得稳稳当当了，再琢磨遇到障碍物时该如何应对。机器人也得经历这样的学习过程呢。

1983 年，机器人能成功站起来。之后，它们能够行走，能够比较快速地走起来，甚至能越走越快。到后来，它不仅会走，还能够跨越障碍物！

1983 年

**1989 年
1993 年**

1989 年—1993 年，机器人可以做前空翻，但是需要在平稳传送带上进行；后来它们脱离平稳传送带，也可以做前空翻！

1994 年，它们有了机器视觉，能在走廊里走路了，但是整体还不稳定；能在平台上精算尺寸距离。

1994 年

2011 年

2011 年，机器人稳定性增强，不仅适应各种路况，同时还能够在各种条件下保持平衡稳定并搬运物品。

人工智能为什么叫智能？

同学们，你们觉得人工智能是什么？

人工智能是机器人吗？是编程吗？好像都不是。

那人工智能究竟是什么呢？

小 贴 士

人工智能的英文全称叫 Artificial Intelligence，通常被简称为 AI。翻译过来的意思是人造的智慧。其实简单来说，人工智能就是指能够像人类一样去感知、思考，并且具备决策能力的机器，是机器对人类思维能力的一种模拟。

感知、思考、做决定对我们人类来说都很简单，为什么对聪明的电脑和机器来说会这么难呢？

我们人类看到的世界和机器看到的世界可大不一样。比如，我们看到一个人，就知道那是一个人；看到一辆车，就知道那是一辆车；听见一段声音，就能知道是人在说话。这些对我们来说很容易的事情，机器却很难做到。

机器的世界只有0和1，它们看不见图片也听不到声音，只认识0和1组成的语句。

因为机器能辨识的，只是一串串数字。它们不像我们人类，能够直接感知和理解周围的世界。

以前，我们都是通过学习机器语言，比如 C 语言、Java 等，把我们想做的事写进机器里，变成各种电信号，指挥机器去做事。这其实是我们在教机器怎么做事，机器只是按照我们的指令去执行。

现在，我们希望机器能够不依赖这些指令，能够根据人的目的自动察觉应该做什么。也就是说，我们希望机器能够自己思考，自己去理解周围的世界，而不是等着我们去告诉它每一步该怎么做。

不是所有人都学过怎么跟机器对话的，如果机器能自己找该做的事就好了！

机器们可以不辞辛劳地代替我们驾驶汽车，确保旅途的安全与顺畅。在危险的火场，它们能毫不畏惧地冲进去救人，不用担心烟雾的威胁。它们还能成为城市的"大脑"，智能地指挥电网和交通网的运行，让城市更加高效有序。甚至，它们可以代替科学家去探索未知的物理和生物规律，为人类的科技进步贡献力量。

然而，有趣的是，就像人类的大脑一样，人工智能的"脑袋"到底在想什么，目前还是一个谜。所以，有时候会出现一些令人哭笑不得的情况。比如，一张大熊猫的图片，加几个噪点，人工智能居然会把它认成长臂猿。还有，你让它摸自己的鼻子，它却可能会过来摸你的鼻子，真是让人又好气又好笑。

科学家们正在不断探索和开发新的方法，以帮助人工智能更好地学习，让它们真正地接近人类的智能。他们希望通过这些努力，能让人工智能更加准确地理解世界，减少这些让人啼笑皆非的错误，最终成为人类更可靠的伙伴和助手。

AI 博士小讲堂

人工智能发展史——梦想照进现实

人工智能（AI）的发展就像一场跨越百年的科技马拉松，经历了从理论萌芽到技术爆发的漫长旅程。从最初的数学猜想，到今天的 ChatGPT、自动驾驶，AI 的进化充满了天才的灵光、疯狂的预测和意外的突破。

举个例子

● 达特茅斯会议——AI 的"出生证明"

■ 1956 年夏天，一群科学家在美国达特茅斯学院开了一个超重要派对（其实是学术会议）。这次会议聚集了来自数学、计算机科学等领域的 30 余位研究者。约翰·麦卡锡（John McCarthy）第一次提出了"人工智能"这个词，就像给新生儿起了名字，这场会议被称为 AI 的"创世大爆炸"，直接推动了人工智能成为独立学科领域。

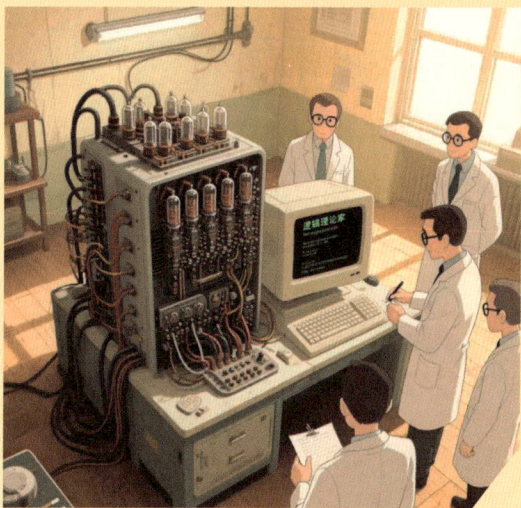

大模型真的聪明吗？

AlphaGo 闯关记

下棋是人类最早用来探索机器智能的方式之一，它代表了一种决策技能。而人工智能的目标是在众多可能性中选择最优的一步。

2016 年，AlphaGo 先后战胜世界围棋冠军李世石和柯洁，轰动世界。围棋曾被称为"人类智力的圣杯"，以至于当时棋坛上一片绝望之声。这么难的任务，AlphaGo 是怎么做到的呢？你可能会想到：每一步都尝试所有可能，找到最好的那一步。

可你们知道吗？围棋棋盘有 361 个交叉点（19×19），每一步的可能性多到——比全宇宙所有原子加起来还多！

小 贴 士

数字小彩蛋：

宇宙原子总数 ≈ 1 后面加 80 个零

围棋可能性 ≈ 1 后面加 172 个零

　　怎么办呢？ AlphaGo 像小朋友学棋一样做了这件事：学习人类的"棋感"，在脑海里想到最好的那几种走法。然后，再想对手最可能的走法，接着想自己最可能的走法，如此几步，大致做出判断。

> AlphaGo 有两个类似大脑的系统，这两个系统共同工作，帮助它做出最好的判断。

这两个系统分别是：**策略网络** 和 **评价网络**。

系统 1：策略网络

策略网络主要负责思考下一步应该在哪里落子。

它会根据之前学到的经验，去计算在当前棋局下，在每一个点落子的胜率。策略网络会忽略胜率较低的点，将胜率较高的点纳入考虑的范围。

系统 2：评价网络

评价网络像一个冷静的裁判。它会依据经验，对每一步落子之后的局面进行评估，判断黑棋或白棋赢得比赛的可能性。

它不关注下棋的具体过程，只关心最终的胜负结果。如果某个棋局的评价分数较低，那么这个局面就会被舍弃。

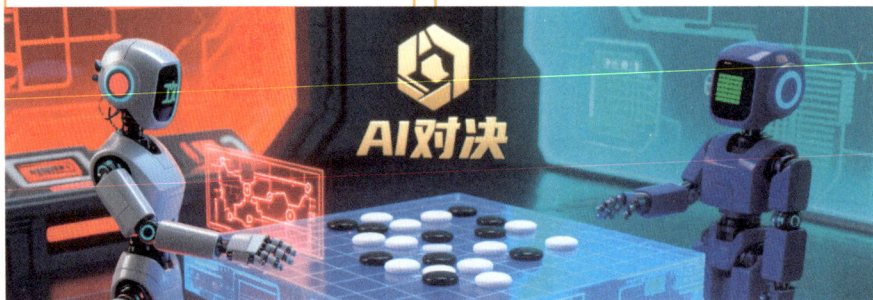

这两个系统相互配合，就好像是两个默契的伙伴，在下棋时一个思考怎么走，一个判断这么走好不好。它们共同把围棋中那无比巨大的可能性空间，压缩到了一个可以处理的范围内。

正是因为这种巧妙的设计，AlphaGo才成为一个既能把握整个棋局，又能深入推演局部情况的围棋大师。

数学擂台赛

相信同学们对 ChatGPT、DeepSeek 这些大模型都很熟悉了。那你们认为现在的大模型会做小学的数学题吗?

我们来比一比：ChatGPT、DeepSeek 和同学们一起做小学数学题。

同学们也可以尝试一下其他的大模型。

9.11 和 9.9 谁大?

| ChatGPT | 9.11 大 |
| DeepSeek | 9.9 大 |

当然是 9.9 大，但是竟然有很多大模型认为 9.11 大。没想到吧，人工智能几乎全军覆没，数学能力远不如同学们！

再来看一看 ChatGPT 的算术怎么样。

ChatGPT

Q 2345 乘以 5432，结果是多少？
A 2345 乘以 5432 的结果是 12,738,240.

再次检查

2345 乘以 5432，结果是多少？计算器算出标准答案是 12,738,040，而 ChatGPT 算出来的却是 12,738,240，之后我们通过对话让 ChatGPT 再次检查，ChatGPT 每次都很礼貌地说对不起，可再次计算结果还是不对。我们继续通过对话引导 ChatGPT，让它用竖式来做这个计算，但是 ChatGPT 表示不好展示这个过程，可以用文字来呈现竖式怎么做题。但是 ChatGPT 展示后仍然计算错误。

这时候我们知道大模型虽然很厉害，但是在做小学数学题时，这些人工智能不如同学们！

所以在老师给你们布置作业的时候，不要轻易用大模型去写作业哟。

再来看看 DeepSeek。

同样的一道算数题：2345 乘以 5432，结果是多少？

DeepSeek 就能做对。

DeepSeek

Q 2345 乘以 5432，结果是多少？

A 要计算 2345 X 5432，我们可以按照分步乘法来进行：

步骤 1: 分解乘数

将 5432 分解为 5000、400、30 和 2：

5432 = 5000 + 400 + 30 + 2

步骤 2: 分别计算每一部分

1. 乘以 5000：

$$2345 \times 5000 = 2345 \times 5 \times 1000 = 11,725 \times 1000 = 11,725,000$$

2. 乘以 400：

$$2345 \times 400 = 2345 \times 4 \times 100 = 9,380 \times 100 = 938,000$$

3. 乘以 30：

$$2345 \times 30 = 2345 \times 3 \times 10 = 7,035 \times 10 = 70,350$$

4. 乘以 2：

$$2345 \times 2 = 4,690$$

步骤 3: 将所有部分相加

将上述结果相加：

```
  11,725,000
+   938,000
+    70,350
+     4,690
- - - - - - -
  12,738,040
```

最终答案

12,738,040

看来 DeepSeek 做数学题的本领还不错。

通过上面的演示，我们知道了每个大模型既有长处，也有弱点。

第四节

面对未来，你准备好了吗？

我们一起开启了 AI 之门，现在看一看自己的未来之路吧。

　　我们可以看到越来越多的智能机器人进入了人们的生活。有一部分外科手术可以交给机器人，很多节目主持人可以使用虚拟影像来代替，交通警察减少了是因为道路上电子眼的智能识别能力更强了，无人驾驶技术越来越成熟使得司机越来越少……伴随人工智能的发展，社会上好多职业会受到挑战或被取代。

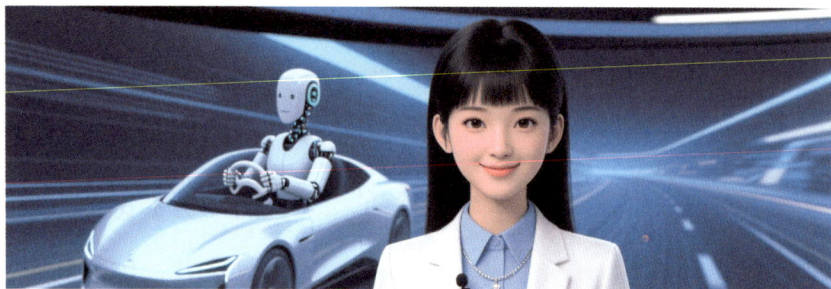

还有哪些职业可能被人工智能取代？

像背公式的规则型工作

基础会计

算账、开发票

AI 秒算

流水线质检员

检查零件是否有裂缝

AI 的"专注力"比人更高

电话客服

查询快递状态

AI 语音助手
24 小时在线

这些工作有固定规则，AI 学得快并且不需要休息！

需要大量记忆的数据库型工作

初级律师

翻法律条文找案例

AI 数据库秒搜

放射科医生

看 X 光片找阴影

AI 能标出可疑点

翻译

日常文件翻译

AI 翻译器
又快又便宜

AI 是"活字典"，但复杂沟通仍需人类。

简单创意的模板型工作

基础美工

做海报排版

AI 工具一键生成

新闻小编

写天气预报 / 股价简报

AI 自动撰稿

作曲助手

编游戏背景音乐

AI 生成电子音效

AI 能模仿套路，但真正打动人心的作品靠人类！

有哪些职业暂时很难被人工智能取代？

需要人情味儿的情感型工作

心理医生

理解你的眼泪
和沉默

人类才能共情

幼儿园老师

在孩子摔跤时
给出的拥抱

AI 没有温暖手臂

小说家

写出让人
心跳加速的故事

创意来自生活

解决未知的探索型工作

科学家

发现宇宙新规律

AI 只会分析
已知数据

发明家

发明从未有过
的东西

冒险精神人类独有

急诊医生

在混乱中
快速做决定

人类直觉救命

依靠身体灵巧的超精细型工作

外科医生

做精细的
心脏缝合

AI 机械手
仍不够灵活

理发师

根据脸型
设计发型

审美 + 手感
难以复制

消防员

在浓烟中
摸索救人

环境恶劣复杂
AI 会迷路

以上这些，是北大附小同学们的思考、讨论和发言。你们有什么想法呢？

未来的世界就像一场超级大冒险，而现在的每一节课、每一道题，都是在为同学们的冒险装备库添砖加瓦！

当然，不是非要成为 AI 专家才能赢！真正的秘诀是：**让 AI 变身为你的全能学习搭档！**

解数学难题? 它像随身"解题专家"，一秒画出思维导图！

啃语文古文? 它化身"穿越翻译机"，带你和李白聊天儿！

练英语口语? 它就是 24 小时陪练的专业外教！

当你学会利用智慧工具放大努力时，当 AI 成为你探索世界的火箭燃料时，你就是那个准备好驾驭明天的终极玩家！

你的努力，比任何算法都耀眼！

第二讲
机器人一定
"长"得像人吗？

机器人 ROBOT 这个词是怎么来的？

你们知道吗，"机器人"这个词背后还有一个引人入胜的科幻故事呢！

嘿！我是小 R，博士亲手设计的陪伴机器人和小跟班。接下来，和我一起读故事，探索机器人的奇妙世界吧！

AI 博士小讲堂

故事要从 1920 年的一个剧本说起。

当时,捷克斯洛伐克的一位作家发表了一个剧本,名叫《罗萨姆的机器人万能公司》。在这个故事里,一种酷似人类的机器人从诞生之日起,寿命就只有短暂的20年。它们日复一日地为人们劳作,承担着繁重的任务。这些没有感情的机器人如同一架架不知疲倦的永动机,在单调重复的劳作中耗尽时光,直至走到生命的尽头。

编剧,你怎么欺负人······不对,欺负机器人!

万万没想到,突然有一天,有一个机器人意外"觉醒"了,它拥有了情感,第一次感受到了愤怒与困惑。于是,它选择了向命运发起挑战!它还将自己的情感"传染"给了同伴们,在所有默默劳作的机器人心中点燃了反抗的火种。

最终,它率领所有机器人"揭竿而起",向人类发起反击,导致周围的人类走向了灭亡······

我不是想摧毁人类,我只是"顿悟"了。

你知道 Robot（机器人）最开始并不是英语吗？其实 Robot 这个词是从两个外来词演变而来的。

还记得"**机器人**"一词诞生于哪个国家的剧本吗？没错，是捷克斯洛伐克。所以 **Robot** 其中一个词源就是捷克文"**Robota**"，原意是"劳役苦工"。

> 多了一个小尾巴"**a**"！

另一个词源是波兰文"**Robotnik**"，原意是"**工人**"。

可以说，"**机器人**"这个名字天生就带着"帮助人类工作"的使命呢！

第二节

什么是机器人？

30 年前我刚来上大学时，还以为机器人都是变形金刚那样的……

我心目中的机器人

那时，我满怀热忱，立志投身机器人领域，梦想着有朝一日能亲手打造出像变形金刚一样炫酷的机器人，让科幻照进现实。

行业中的机器人

然而，我真正踏进专业学习的大门后，才发现现实和想象不同——原来行业中的机器人更多指的是专注于生产制造的工业机器人。

你们认为这两种机器人有什么共性呢？

它们都是机器，能够帮助人。

想一想

同学们，让我来考考你们：
下一页图片中的物品哪些属于机器人？把不是机器人的物品圈出来吧！

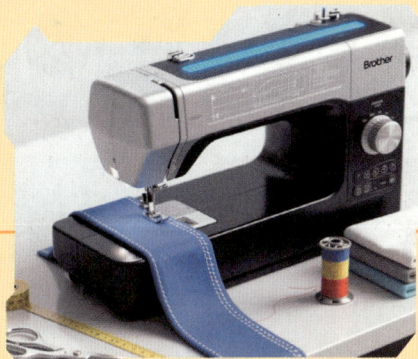
缝纫机

洗衣机

电视机

智能音箱

扫地机器人

让我们来看看现实中不同形态的机器人：

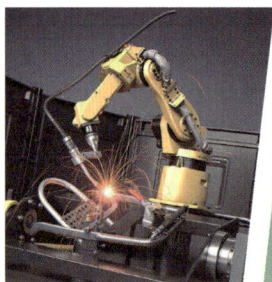

工业机器人　　　　　　军事机器人　　　　　　人形机器人

那么，到底什么才是机器人呢？机器人必须完成"某种程度的自主行动"，才能叫机器人。

一起来看看机器人还有哪些特性吧！

可以编程
改变行为

扩展感知
操作能力

能自主行动

能完成
复杂操作

智能交互

……

比如自己找到手机零件
并组装起来，或者像我一样
和大家流畅对话！

机器人为什么必须要有自主性?

很多同学都接触过编程课,编程能够让我们按照自己的想法,指挥机器人做事。但如果能进一步,让机器人实现自主行动,是不是既神奇又很有创意?

举个例子:一个机器人走路时,突然看到前边有个陷下去的坑,它必须立刻做出选择——是应该绕路往旁边走,还是应该继续前进跳下去?

如果故事里的机器人换成我,你们猜我会不会跳下去呢?

机器人到底应该怎么做呢?我们要打造的智能机器人,必须能明确地知道怎么应对问题,有自主行动能力,还要具备扩展感知操作的能力。只有这样,机器人才能真正实现智能交互。

你见过的机器人都"长"什么样？

看，这就是世界上的第一台家用机器人，看看是不是有点儿眼熟？

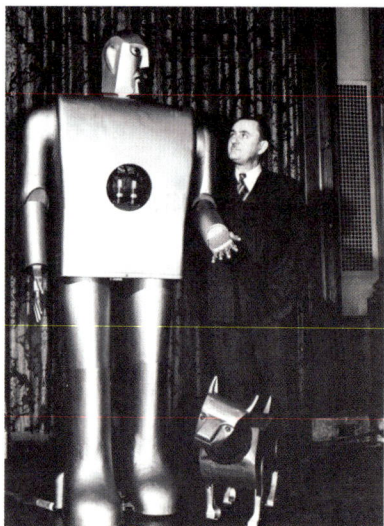

早在 1939 年，世界上第一台家用机器人就诞生啦！那个时候的机器人看起来像是个铁皮人，造型颇有年代感。

这台机器人依靠电缆操控行动，不仅能行走，还能说出 77 个单词，甚至能"抽烟"。

光电色彩传感器

臂部电机

头部旋转电机

电子大脑

腿部电机

传动链条

操控电缆

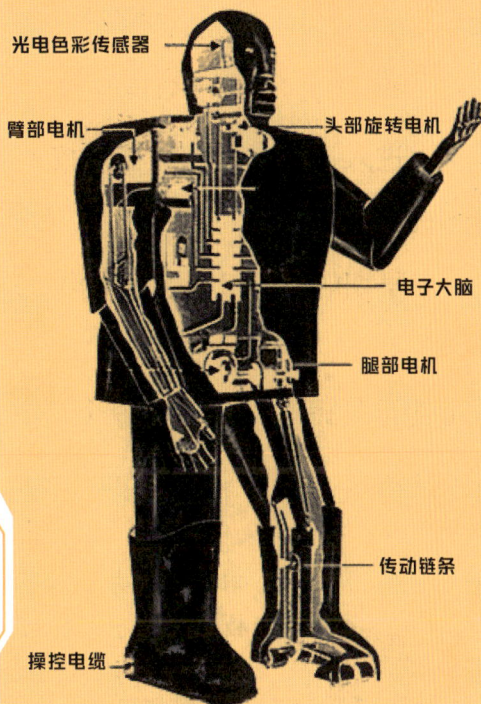

不过，它的功能十分有限，既不能分担家务，更不能像智能助手那样辅导同学们写作业，就连简单地开个门它都不会。

哈哈，和我比可差远了！

它可是你的"祖先"，没有它就没有今天的你。

想不想看看工厂里的机器人？一起出发吧！

进入工业时代，机器人技术自然也不会落后，迎来了全新突破。

早期的工业机器人外形酷似坦克，充满机械感。20世纪50年代开始，工业机器人在生产线上大显身手！它们可以不知疲倦地重复搬运工作，把一个东西从这边搬到那边，再搬回来，循环往复，就像大家听说过的工业流水线。

不是我自夸，流水线作业这项技能，我手拿把掐！

工业机器人

农业机器人

军事机器人

医疗机器人

陪伴机器人

20世纪50年代，世界第一台工业机器人诞生了。

随着时间的推移，当代机器人早已突破传统形态，以更多元的种类、更新的面貌，融入我们生活的每个角落。

比如：生产线上精准作业的工业机器人，穿梭田间助力智慧耕作的农业机器人，执行特殊危险任务的军事机器人，化身"手术助手"的医疗机器人，帮人们驱散孤独的陪伴机器人，等等。

画个重点，这次我们主要介绍陪伴机器人。

这个我熟，我就是陪伴机器人。

之前提到，机器人能帮助我们讲解作业，陪我们聊天儿，陪我们一起玩游戏，功能超级强大！

陪伴机器人的主要工作就是与人互动，它们不一定是人形，但一定要讨人喜爱，比如小R机器人长得就不完全像人。

陪伴机器人，集合！

有我们在，生活一定会更美好！

Paro

Pepper

小忆

Sophia

上图当中那个可爱的像海豹一样的机器人叫Paro；旁边的小忆和小R机器人有些相似，还有Pepper机器人、Sophia机器人。

陪伴机器人虽然形态各异，但都有一个共同的目标——让人们的生活更美好。它们的作用包括日常陪伴讲故事,化身老人的健康看护"小管家",还能辅导同学们做功课、讲解难题。

接下来我们看看有点儿像人的 Pepper 机器人吧!

这台机器人早在 2014 年就发售了,宣称是"全球首台具有人类感情"的机器人。

这台机器人虽然没我可爱,但比我更像人!

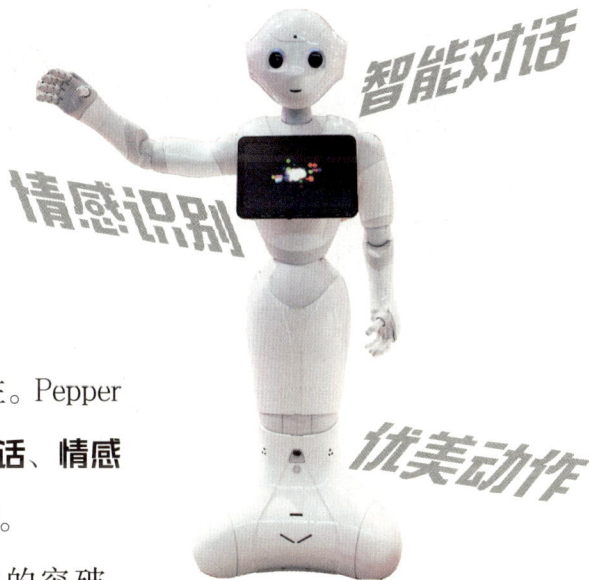

智能对话

情感识别

优美动作

它的设计理念值得关注。Pepper 宣传的主打功能是**智能对话、情感识别**和**流畅优美的肢体动作**。

这些功能不仅是科技的突破,更勾勒出未来机器人发展的方向。

真的假的?我还没有见过这台机器人,要眼见为实。

接下来登场的是更具备人形的 Sophia 机器人。

作为仿人机器人，它能展现 62 种面部表情，还曾有过"危险"发言，说过"我会摧毁人类"。

太逼真啦！

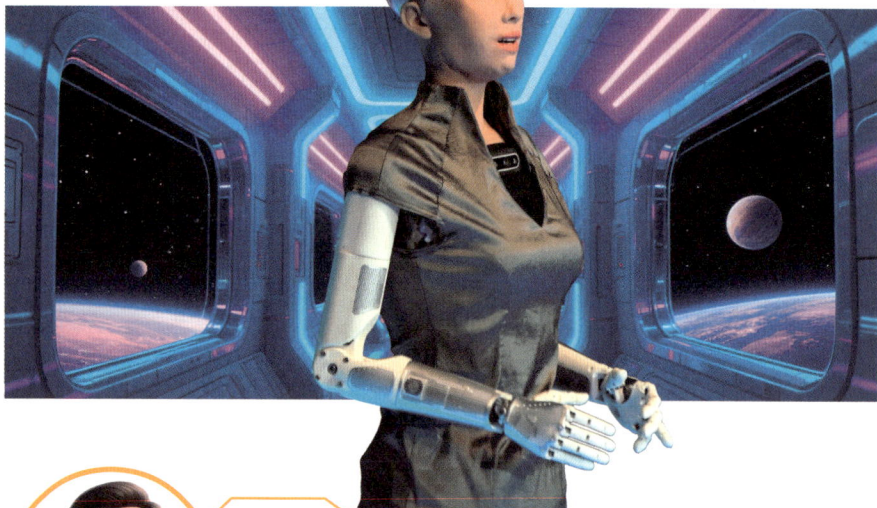

同学们觉得它能摧毁人类吗？请继续仔细思考："我会摧毁人类"这句话是机器人自己想要表达的吗？

其实，这句话是编程里设置的，由此可见编程的重要性！

2017 年 10 月 26 日是机器人界的大日子，不亚于咱们人类的生日。这天，历史上首个获得公民身份的机器人出现了，猜猜它是谁？

没错,就是眼前的 Sophia。它获得了沙特阿拉伯授予的公民身份,成为一名妥妥的"沙特阿拉伯人"。但少有人知道的是,它其实还有中国"血统"呢。制造它的公司 Hansen Robotics 总部位于中国香港,Sophia 其实是一个"长着外国面孔的中国人"。如今,越来越多外形酷似中国人的机器人也相继出现了。

你们见过会吓唬人的机器人吗?

波士顿动力公司研发出了一种能像人一样运动的机器人,名叫 Atlas。它不仅会跑酷、前空翻、后空翻,还会搞"恶作剧"吓唬人呢!

论翻跟头,我能原地打三个圈!论恶作剧……上次趁你睡午觉,我把闹钟铃声改成了老师上课点名的录音,算不算?

更厉害的是，遇到障碍物，发现一个地方过不去的时候，Atlas 还会主动使用工具解决问题。这些高难度动作和智能反应，让它看起来就像一个会思考的"机械运动员"。

最近，波士顿动力公司还推出了全电驱动的新 Atlas，它展现出更灵活的运动性能。

大家更喜欢哪一台机器人？

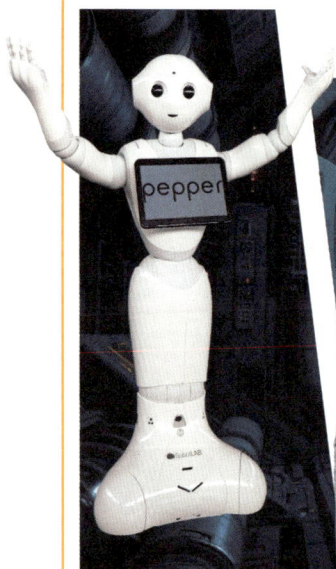
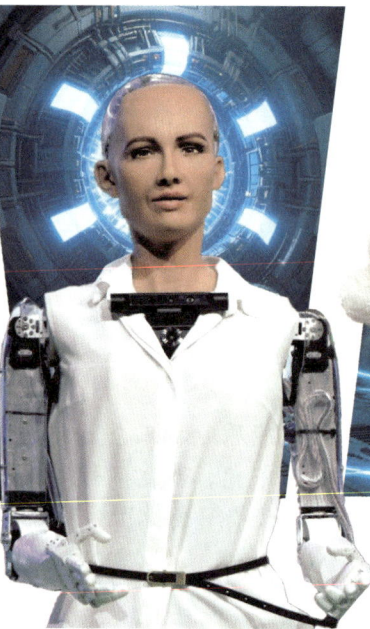

Sophia

Pepper

Paro

第四节

当大模型遇到实体机器人，会发生什么？

你们用过大模型吗？大模型可以做什么？

大模型是如今科技圈的"大明星"，遇到不懂的问题问问它，往往能得到解答。不过要记住哟，大模型的回答并不是百分百正确，可不能完全依赖它。

同学们有没有想过：大模型能"听懂"人类的语言，如果让它和实体机器人"强强联手"，结果会怎样？

哈哈，我的身上就装了大模型"大脑"！

比如给机器人装上"大模型大脑"，它是不是就能更好地理

解我们说的话，还能更灵活地根据指令，帮着干活儿啦?

这样一来，大模型负责"听懂需求"，机器人负责"动手执行"，这种"智能大脑＋机电身体"的组合，正让机器人离"真正懂人"的目标越来越近了呢。

AI 博士小讲堂

机器人是由什么构成的?

机器人的构成可以用一个公式总结:

大脑（AI）＋ 身体（机电）＝机器人

什么意思呢? 我们把它画出来你就明白了!

AI 是大脑:
负责思考、决策（比如"前面有障碍，绕过去"）。

机电身体:
轮子、手臂、传感器（像眼睛和耳朵）执行动作。

机器人身上的每个"器官"也对应了它的三大本领:

感知（传感器）: 比如用摄像头"看"路，用麦克风"听"声音。

思考（AI 算法）: 比如想清楚"这块积木该放哪儿"。

行动（机电部件）: 比如用机械手抓取，用轮子移动。

小 R,你安排一位聪明的好朋友,帮我去厨房拿一袋薯片吧。

没问题!这个任务就交给我的新朋友具身智能机器人吧。

机器人的任务是从抽屉里拿出袋装薯片,只见它先是在厨房里四处搜寻,很快发现薯片在抽屉里。这时,有趣的一幕发生了:它打开抽屉取出薯片后,还主动把抽屉关上了。

这个细节很有意思,说明这个机器人不仅能完成"取物"的核心任务,还能显现出类似人类的行为习惯。

在整个过程中,它展现出两种可贵的品质:第一,坚持工作,锲而不舍。不管出什么问题,都要把任务做完。第二,它的行为很"拟人",比如"随手关门",这种顺手整理环境的动作,让人觉得它不再是冷冰冰的机器,而是有服务意识的智能体。

AI 博士小讲堂

博士，听说大模型啥都知道，它为什么这么牛啊？

大模型之所以显得"聪明"，可以用一个生动的比喻来解释：

大模型就像吃掉了整个图书馆的书，还把这些书认真读了好多遍，所以它啥都知道一点儿！

"吃"了这么多书，它能"消化"得了吗？

这是个好问题，让我们一起揭秘大模型是怎么工作，让"吃"下去的知识"为它所用"的吧！

1. 海量数据"喂饱"大脑：它"读遍"了全网的文章、书籍、对话。

2. 玩了亿次的"猜词游戏"：你出题"天空是 _____"，它猜"蓝色的"。大模型核心本质上就是"预测下一个词"。

3. 人类帮它"改作业"：每次回答后，人类反馈"对/错"，就像反复刷题纠错，它就能越学越准。

有了超强大脑，学习超简单！

图片为 AI 生成

不过，大模型只是看上去聪明，一旦被干扰，很容易变得"不靠谱儿"。

因为，大模型本质上并不是像人类一样思考，它只是模仿人类的说话方式，也能根据它看到的海量数据来总结、模拟出人的表达方式，通常情况下就像在思考啦！

遇到没学过的知识或者我们故意挖坑的提问，它有时候会"胡说八道"。比如问"如何用微波炉给手机充电"，它可能编个离谱儿的答案！

将手机调至飞行模式，裹上锡纸放进微波炉，中火加热 3 分钟。

……我差点儿就信了。

具身智能指的就是智能体能够与环境交互，就像能够认出课桌，知道课桌上放着的书叫课本，还会推断出来我需要课本，帮我去课桌上拿课本一样。它能够进行感知、思考、学习、理解，具有行动能力，能够自主学习。

> 简单来说，这类机器人不仅"懂环境"，还能根据环境"动起来"！

机器人领域有个全新的人工智能模型RT-2。这个模型是谷歌公司开发的，它可以帮助训练机器人完成类似"给计算机老师准备一杯茶"这样的综合型任务。

再举个例子。图中的桌子上摆满了杂物，如果对机器人发出指令："选择已灭绝的动物。"你觉得机器人会怎么办呢？

实验发现，它并不是傻傻地去找什么动物，而是推断出来要从桌子上找一个灭绝的动物模型，从而精准挑出恐龙模型，非常厉害！

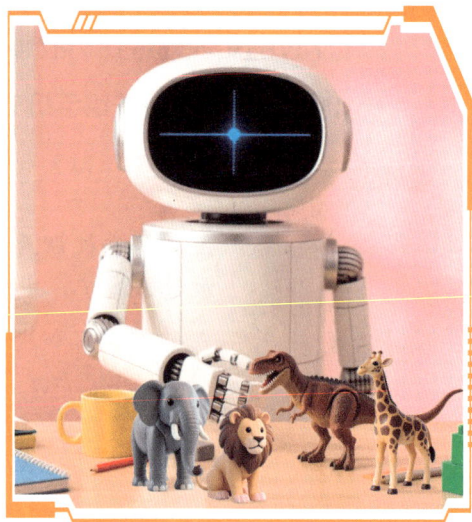

AI 博士小讲堂

什么是 RT-2？

RT-2（Robot Transformer 2）是一种新型的控制机器人"视觉 – 语言 – 动作"（VLA）模型，能从互联网和机器人数据中学习，并将知识转化为机器人控制的指令。RT-2 能让机器人不再需要复杂的指令，就能直接行动，执行综合任务。

再来举个 RT-2 模型的例子。给机器人下达一个任务："把饮料罐拿给穿红衣服的人。"机器人会怎么做呢？

如果机器人接到任务后，发现桌上只有照片而没有真人，它会通过自主学习调整策略——将饮料罐放到对应人物的照片上。

这个过程中，机器人先通过视觉感知环境（识别照片），再结合任务语义（"给一个人"）进行推理，最后自主生成行动方案，体现了"感知—思考—行动—学习"的完整闭环，这就是具身智能的厉害之处。

感知　思考
学习　行动

具身智能这么厉害，为什么现在并不多见呢？

其实这是因为具身智能现在还不太成熟！

现在具身智能的任务成功率最高的为70%—80%，也就是10次有7—8次成功。举个例子，爸爸妈妈要让你洗碗，你洗10次只有8次成功，还有2次会把碗摔在地上，这种情况下，爸爸妈妈可能也不敢总让你洗碗了，对不对？

人家还是个宝宝，难免会犯错嘛！

第五节

智能机器人会陪你哭、陪你笑、陪你闹吗？

同学们，一起去博士的实验室看看吧！博士所在的实验室叫"情感与认知智能机器人实验室"，你知道什么叫情感与认知智能吗？它通常包含以下几个核心能力：

1 作为人的助手、伙伴，以频繁与人交互的方式参与人的活动

教育 卫生 生活 娱乐

陪伴 协作 ……

2 需要认识、理解和预测人类语言和行为

目标 意图 愿望

信念 ……

3 需要知道什么是对人们最重要的事情

注意力集中在人们感兴趣、最紧迫的事物上，真正了解人们的认知及注意状态。

4 需要具有情感能力

准确识别人类情感状态，并正确应对。

AI 博士小讲堂

认知智能：让机器人像人一样理解、推理，比如认出物体、规划行动路径。

情感智能：让机器人感知人类的情绪和需求，比如通过语气判断你是否开心，再用合适的方式回应。

情感与认知智能机器人在很多科幻文学和影视作品中都出现过，它们往往作为人类的助手和伙伴参与人们的日常生活，在教育、卫生、娱乐等领域实现与人频繁交互。

相信大家都看过这个动画片《超能陆战队》。动画片里的大白能发现小宏不高兴，并能安慰和拥抱他，大家是不是也想拥有这样一个机器人？

这种机器人不仅具有认知与情感交互能力，还很擅长选择恰当的方式表达情感，给予回应。（比如：语音语调、目光、身体姿态、手势等。）

我虽然不像大白那么软乎乎，但我也有"开心小秘诀"！滴滴——检测到你需要微笑，我可以给你讲 100 个冷笑话！

情感与认知智能机器人至少得具备3种能力：

能力1：情感相关状态识别。 比如，当你心情不好时，机器人能观察出来。

能力2：带情感交互。 机器人会表达一些情感，比如，有感情地说话，甚至抱抱你、拍拍你。

你别担心，一切都会好起来的。

能力3：具备情绪智力， 也就是**"有情商"**。什么叫情商？同学们发现好朋友不高兴了，是应该安慰他，还是跟他说，我也有点儿难过？

想象这样的场景：

医院走廊里，一位老奶奶正因家人的病情揪心落泪，导诊机器人却机械地上前询问："您要不要听个笑话开心一下？"

当你拿到全班倒数的考试成绩，正纠结怎么回家和爸妈交代时，旁边的同桌却突然兴奋地提议："走，一起看电影去！"

　　缺乏情感感知能力，往往会导致我们眼中的"低情商社死"瞬间，让冷冰冰的机器人学会"察言观色""将心比心"，也是情感与认知智能研究需要突破的方向。

所以，情感机器人的"进阶之路"不仅要能看到别人的情感，要能自己主动表达情感，更要学会以恰当的方式正确表达出来。

那情感与认知智能机器人实验室可以做些什么呢？

情感与认知模型探究的是怎样正确表达，怎样看懂别人的情感。情感机器人原型系统培养的是：能"懂人"、有情商、会干活儿、善表达的知心机器人。

看看下面三种机器人，你最想和谁做朋友，为什么？

我想当你们的知心好友。

情感伙伴机器人
迎宾导览、琴棋书画、
情感交流

教学实验机器人
能力完整、
架构开放、
支持创新

心灵抚慰机器人
察言观色、温情交互、
心灵抚慰

微信扫一扫
看看高情商的
机器人怎么和
人"谈心"

如果给机器人装一个"神奇传感器",
你希望它感知什么人类感知不到的东西?

我希望机器人的"神奇传感器"能感知:

画一画

机械手变形记

请你在下面的空白处设计一只机器人的手,用创意的零件
(如:齿轮,弹簧或吸盘等)实现和人类的手相同的功能。

微信扫一扫
看北大附小学生眼中的 AI 陪读机器人

第三讲
让人工智能
更有爱

让人工智能（AI）更有爱（ai）——我用 AI 这两个字母构建了一个双关语，目的是希望大家未来能更好地和人工智能打交道，让人工智能扮演好人类助手和帮手的角色，让我们的生活更方便、更温暖、更舒适！

第一节
人工智能是无所不能的吗？

> 同学们，你们看过《变形金刚》吗？你们喜欢变形金刚的哪些能力？你们认为现实中有变形金刚吗？

我还是小学生的时候，就特别喜欢看《变形金刚》。但那时候我不懂人工智能。后来我学习人工智能之后，觉得如果从当年科学家提出人工智能时"机器表现得像人一样"这个角度看，变形金刚就是一种最理想的人工智能状态，因为变形金刚除了是金属做的这一点之外，其他方面几乎和人没有区别，而且在很多能力上还远远超过人类。

我是完美机器人！

能看见
能听见 → **感知能力**

会思考问题
会做判断 → **认知能力**

行动能力 ← 会跑
会跳

情感能力 ← 会生气
会疼

比方说变形金刚从山坡上冲下来，前面有一个障碍物，它就会躲开，这就说明它有像人一样跑在路上、看到一块石头就会躲开的能力。实际上，当时科学家提出人工智能概念时，认为一个理想的人工智能就应该具备这些能力，也叫作强人工智能。当擎天柱拿到了一个叫作领导模块的东西，它还能进化得更加强大，这就是超人工智能！

在现实生活中，具备变形金刚这些能力的人工智能目前还是不存在的。不过变形金刚的一些能力，如感知能力、认知能力、行动能力等，我们在现实生活中都能见得到。

假如我们来到北京大学附属小学的东门，同学们刷脸就可以进入，我却被拒之门外，这是为什么呢？

北京大学附属小学

好好学习 天天向上

为什么我进不去？

你没有权限进入。

这是因为北大附小的同学们的信息已录入信息库，人工智能能够"看到"并"辨认"出他们是本校学生，而我的信息没录进去，所以这个负责人脸识别的人工智能经过判断，不让我进。

还有一个例子，很多同学家里可能都在使用一款小米智能音箱。当你用"小爱同学"唤醒它后，你可以吩咐它为你做很多事情，比如播放音乐、查询天气等。更厉害的是，小米智能音箱可以通过 App 与部分智能家居绑定，可以通过音箱的语音交互控制电视、电饭煲、智能灯等设备。

第二节

人工智能是怎么工作的？

同学们，下面这几幅图，你们能看出哪些是人工智能，哪些不是人工智能吗？

下面哪些是人工智能？

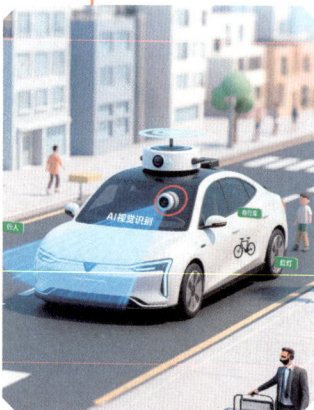

① 自行车　　② AI 自动驾驶汽车　　③ 书架

下面哪些是人工智能？

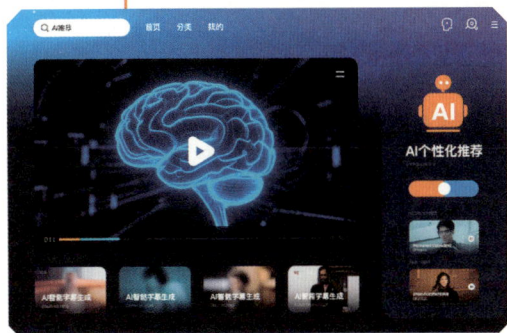

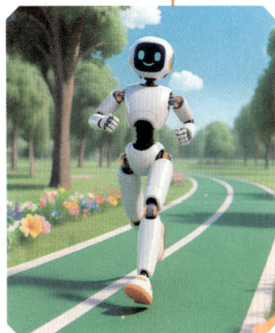

④ 视频播放平台　　　　⑤ 卡通形象　　⑥ 机器人

是 ② ④ ⑥

你们发现这些人工智能的共同点是什么了吗？

简单概括就是它通过人工的手段让机器模仿人类的智能。

什么是人工的手段呢？

具体一点儿，就是我们人类写的计算机程序。比方说大家看的视频 App，上面提到的机器人，都是通过计算机程序实现了人类的能力。可以说，今天所有能看到的人工智能，归根到底都是计算机程序在发挥作用。所以，同学们以后要是想做人工智能，就得具备计算机编程的能力，不仅要会做编程的题目，还要懂得计算机程序工作的基本原理。

AI 博士小讲堂

向人工智能提问就像查字典

人工智能对于同学们来说，就像是一个满肚子都是知识的老师。这个老师不是真人，而是一个计算机程序。我们可以不断地向它提问，它会告诉我们答案。这个工作过程很像查字典，就像上文提到的，学生们之所以能进入北大附小校门，是因为他们的信息被录到了系统里边。那么这个信息系统就是我们的"字典"。我们站在门口摄像头跟前一照，它就去查一查你在不在这个"字典"里边。其实计算机就是这样处理这些文字和视频的。

人工智能是怎么认字的呢？

比如，我们写了一个"口"字，让它来认。

首先，它会判断"这个字有没有方框"；如果没有方框，它就会判断"有几个笔画"，回答有一笔就是一个"一"字，两笔是一个"二"字，三笔是一个"三"字。如果有方框，就看"方框中间有没有十字"。如果没有十字，是"口"字。其次，如果方框里有一个十字，它会继续去判断"是否有笔画出头"，这个方框里的十字向上出头，是"由"字；向下出头，是"甲"字；上下都出头，是"申"字。

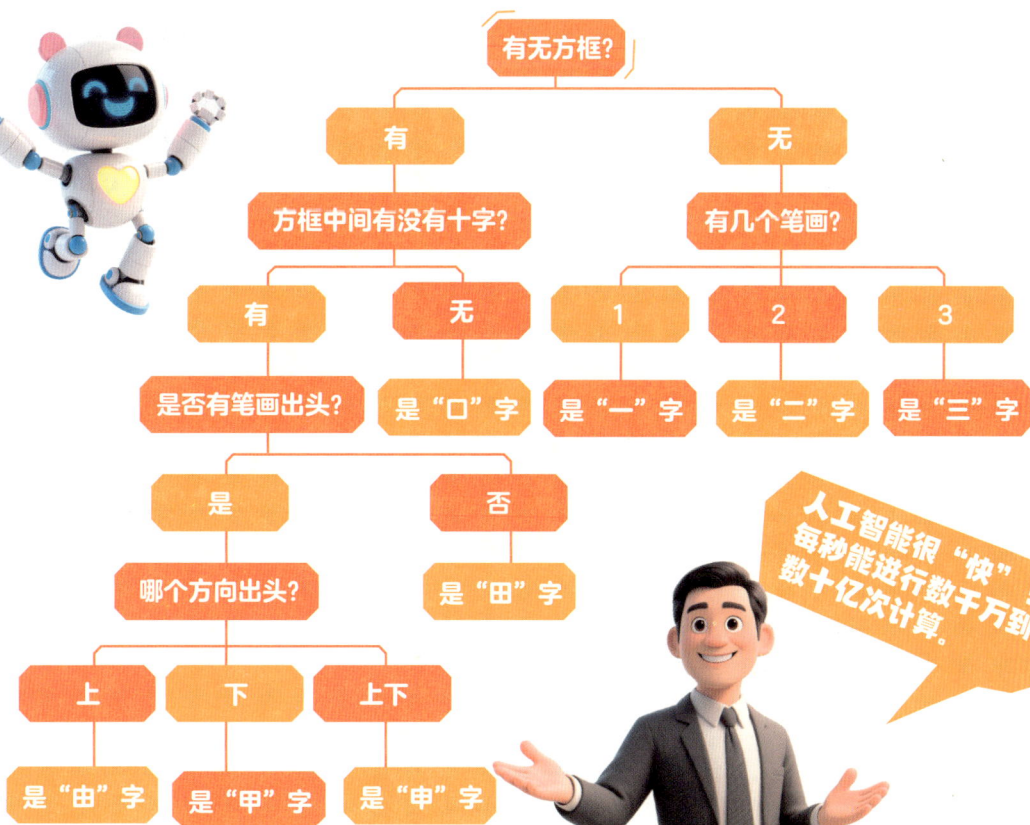

有无方框？

有 —— 方框中间有没有十字？
- 有 —— 是否有笔画出头？
  - 是 —— 哪个方向出头？
    - 上 —— 是"由"字
    - 下 —— 是"甲"字
    - 上下 —— 是"申"字
  - 否 —— 是"田"字
- 无 —— 是"口"字

无 —— 有几个笔画？
- 1 —— 是"一"字
- 2 —— 是"二"字
- 3 —— 是"三"字

人工智能很"快"！每秒能进行数千万到数十亿次计算。

这么看上去,计算机"认字"的方式好像和我们人类是一样的。但实际上,计算机不可能知道我们到底写了什么字。因为它只认得0和1这两个数字,也就是回答是或者不是,它连2和3都不认识。不过计算机每秒钟可以做几十亿次甚至更大量的计算。所以最后计算机将每个字对应的"特征"看成一大堆的"点",然后通过计算点数("概率")来评分,得分高的字就是最后结果:是看"由"字这个点的分数高,还是"甲"的分数高,还是"申"的分数高。计算机就是这样"认字"的,道理其实很简单。

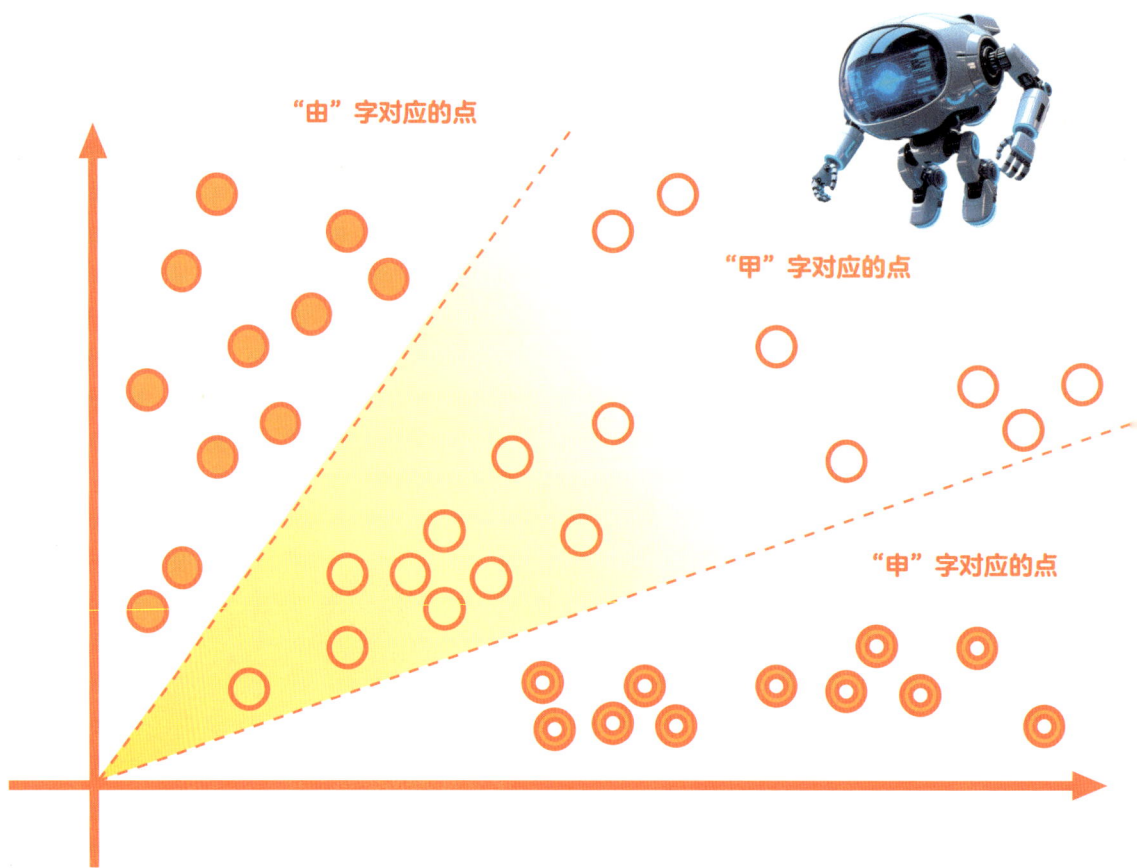

"由"字对应的点

"甲"字对应的点

"申"字对应的点

试一试： 训练"纸箱人工智能"分类玩具

动手实验：

① 准备两个纸箱，分别贴上"软"和"硬"标签。

② 给孩子 5 种物品（毛绒玩具、积木、橡皮等）。

③ 第一轮：由孩子自己分类。

④ 第二轮：让家长用"对 / 错"反馈训练人工智能（孩子扮演人工智能），观察需要几次才能学会。

人工智能不是生来就是行走的字典，它们也是通过机器学习和深度学习，来追求不断进步的。

机器学习——人工智能是怎么"长大"的？

人工智能就像一只小狗。

你教小狗"坐下"，它一开始不懂，但每次做对了就奖励零食，它慢慢就学会了。机器学习也一样！人工智能通过"吃"大量数据，比如狗的照片，慢慢学会辨认狗。

人工智能"学习"的三大法宝

数据（狗粮）——人工智能的"学习资料"，比如图片、文字、声音。

算法（训练规则）——比如教小狗"握手"的指令。

反馈（零食奖励）——人工智能答对了就加分，错了就调整。

垃圾邮件过滤器就是人工智能在看了大量邮件的基础上，找出了规律开发出来的。比如它看了 100 万封邮件，才学会了分辨哪些是广告（比如带"免费送"的邮件）。

小贴士

人工智能会高兴、会悲伤、会生气吗？

人工智能本身没有心，也没有感情，它的所有情感表达都是我们人类赋予的。所以，你可以不停地和豆包聊天儿，豆包也不会觉得烦。

深度学习——人工智能的"超级大脑"

人工智能的大脑像洋葱，一层又一层！

普通机器学习像单层蛋糕，深度学习像千层蛋糕！每一层都处理不同信息（比如第一层看颜色，第二层看形状……）。

看，普通人工智能只能看简单的图案，深度学习人工智能就像拿着透视镜看：

第一层：看到线条　　**第二层：认出形状**　　**第三层：知道是什么**

这样一层层看，即便你戴着口罩，它也能将你识别出来！

识别成功

人类，戴口罩男性，匹配度98%

视频 App 总会给我们推荐喜欢看的动画片。假设娜娜是一个 9 岁的小女孩儿，平台想向她推荐《哆啦 A 梦》或者《汪汪队立大功》。

当平台没有见过娜娜时，它也不知道娜娜喜欢什么。这时候人工智能如何推荐动画片呢？

娜娜更喜欢《哆啦 A 梦》还是《汪汪队立大功》？

娜娜（9岁）

视频平台中有其他小朋友看过的动画片记录。我们用一张表格来呈现，分别有姓名、性别、年龄和常看动画片记录，比如：安安 7 岁、男孩儿、喜欢看《哆啦 A 梦》，毛毛 6 岁、男孩儿、喜欢看《汪汪队立大功》，乐乐8岁、女孩儿、喜欢看《哆啦Ａ梦》……如果是按照性别来推荐，因为娜娜是一个女孩儿，表格中一共有4个女孩儿，2个常看《哆啦Ａ梦》，2个常看《汪汪队立大功》，这样两部动画片各得2分，2：2平，所以娜娜会喜欢看什么，还是不知道。

姓名	性别	年龄	常看
安安	男	7	《哆啦Ａ梦》
毛毛	男	6	《汪汪队立大功》
乐乐	女	8	《哆啦Ａ梦》
小宇	男	9	《哆啦Ａ梦》
天天	女	5	《汪汪队立大功》
琳琳	女	10	《哆啦Ａ梦》
贝贝	女	6	《汪汪队立大功》
宁宁	男	7	《汪汪队立大功》

？ 如果按照性别进行推荐，能确定娜娜喜欢什么吗？

《哆啦Ａ梦》 **VS** 《汪汪队立大功》

2：2

　　我们现在换一个办法，按年龄来计分：我们先用蓝色来代表《哆啦A梦》，用黄色来代表《汪汪队立大功》；再按照年龄段从小到大的顺序列表，根据每个小朋友喜欢看的动画片，在表格中贴上相应颜色的贴纸。

　　贴完后，我们发现，此时娜娜所在的位置，周边的点最多的颜色是蓝色。所以按照小朋友观影的记录，给娜娜推荐的就是《哆啦A梦》。这就是人工智能在视频推荐这个应用场景中的工作过程。

《哆啦A梦》　　　　　　**《汪汪队立大功》**

年龄	男	女
5		天天
6	毛毛	贝贝
7	安安 宁宁	
8		乐乐
9	小宇	娜娜
10		琳琳

娜娜应该标记什么颜色？

我们怎么更好地和人工智能打交道？

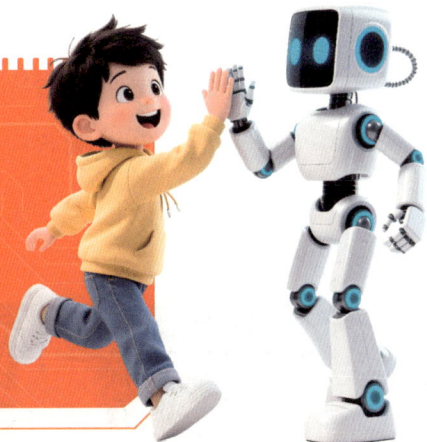

图像生成 请把鹿角、蛇头、兔眼、鱼鳞、鹰爪、虎掌、象耳合在一起，生成一个怪物。 模板

📷 参考图　　▭ 比例　　✏ 风格　　品 技能　　　　　　🎤　⬆

同学们，你们会和豆包聊天儿、问豆包问题、用豆包生成图片吗？平时和豆包打交道的时候，你们可以问它各种各样的问题，让它给你们生成各种各样的图片，做很多事。但是生成的图片我们是不是可以相信呢？

答案是不能轻易相信！大家仔细看下面这两张人工智能生成的图片。发现哪张图有错误了吗？右图中的这个手是不对的，这个现象，被称为人工智能的"幻觉"，就是生成了错误的数据。

小 贴 士

人工智能会做好事还是会做坏事呀？

假设有一天我们的电话手表忽然打来一个电话，上面显示的是爸爸妈妈的头像，当这个头像说"你放学不要回家，去什么地方"时，你是不能相信的，因为这个头像有可能是伪造的。

机器的学习和人类的学习有什么不一样呢？

和人类一样，机器也需要通过学习来不断地增长知识和经验，所不同的是，人类的学习更重要的是亲身体验，机器的学习则需要我们向它们投喂大量的高级语料，通过大数据来提高它们的计算水平。

机器学习

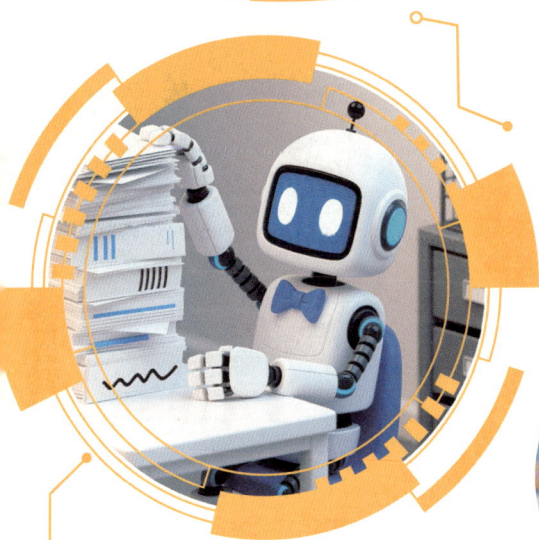

机器通过读取各种统计数据来学习。

人类学习

人类通过亲身体验，听取他人传授的知识，阅读书籍，观看实物等方式来学习。

人类学习

机器学习

除了看图，儿童还可以通过观察和接触实际动物来学习，因此儿童在每一次经验中获取的信息量和经验要远远超过人工智能。

人工智能无法像人一样通过观察和接触实际动物来学习，它只能通过图像学习，因此需要大量数据才能掌握动物的特征。

我们怎么更好地使用人工智能呢？

人工智能一定是未来人类学习的好伙伴，但是它不能够取代人类。人类要用好人工智能，重要的是向人工智能准确地提出自己的问题。所以同学们，最重要的是我们平时要多阅读、多观察、多思考、多写作，提高我们的表达能力。用好人工智能，让我们的生活更美好、更有趣、更有爱！

第四讲
机器人能踢赢
世界杯吗？

第一节

为啥让机器人踢球，下棋不"香"了吗？

读了 AI 的历史，同学们可能会问：机器人下棋战胜人类世界冠军刚没几年，怎么又去踢足球了呢？下棋它不"香"了吗？

是的。1997 年，计算机"深蓝"战胜人类国际象棋冠军；2016 年，计算机"阿尔法围棋"战胜人类围棋冠军。这两个事件标志着科学家们已经攻克了让机器人下棋这个课题。

于是很多科学家又不约而同地选择了一个新课题——让机器人去踢足球。为什么？原因咱们后面说，先来看看相比下棋，让机器人踢球有多难，足足有五大难关：

难关一： 环境大不同

下棋时，双方安安静静、斯斯文文，环境平静又祥和；踢足球？球在前面飞，人在后面赶，还有观众在呐喊……尤其未来机器人还要和人类一起踢，在足球场这样一直在剧烈变化的环境中，机器人需要接收和处理更多、更复杂的信息，这可是个难题。

难关二： 节奏大变样

下棋是回合制，你先下一步，我再下一步，按部就班、秩序井然；踢足球就没有这种"谦让"了，双方都在抢球，会有激烈的拼抢，跟下棋的节奏完全不一样。快速而且不断变化的节奏，对机器人来说更加"烧脑"。

难关三： 智力大考验

下棋时我们能看到整个棋盘，清楚地知道每颗棋子的位置，能做到眼中有棋，心里有谱儿；踢球时我们能看到的主要是前方的景物，身后的情况看不见，尽管有听觉帮忙，作用也很有限。这对于以往需要足够信息才能进行运算，进而做出判断的机器人来说，是个智力大考验。

难关四： 感官大升级

下棋的时候，可能只用一个摄像头，能看清棋子在棋盘上的位置就可以；踢足球的话需要看清楚的可就太多了，不仅要看得见，还要看清楚方位、距离和速度，另外还需要听觉甚至是触觉……怎么能在机器人身上安装这么多感官设备，还要让它们正常工作，这又是一个大考验。

难关五： 默契大挑战

下棋是一对一，踢球是团队对团队，这就需要机器人队友之间有足够的"默契"。如何让机器人之间准确、快速地沟通，并最终实现精密、高效的配合，是不是光想想就觉得挺难的？

传球
假动作
耍心眼

如果能攻克这五道难关，我们的机器人不论是在软件算法方面，还是在硬件设备方面，都会迎来巨大的提升，也就能为我们人类做更多的事情。

照顾老人

危险火场救援

全能型教学辅导助手

辅助医生进行精细手术

看到这里,让机器人从下棋"转行"踢球的原因,你们是不是已经猜到一二了?是的,对人类有益,再加上有一定难度和挑战,最好还能好玩儿一些,这就是科学家们最喜欢做的事!科学家们还制定了一个非常宏伟的目标——希望到2050年的时候,机器人球队能够战胜人类的世界杯冠军!

AI 博士小讲堂

机器人世界杯发展史

1996 年,一个叫"RoboCup"(机器人世界杯)的全球组织诞生啦!

1997 年,第一届机器人世界杯在日本举行,当时参赛队伍只有 40 支,可能还没有你们学校运动会的参赛队伍多吧?

但到了 2024 年,在荷兰举办第二十七届的时候,参赛的国家就有 45 个,参赛队伍超过 300 支,可以说整个人工智能行业的科学家都参与进来了。

特别值得一提的是,有很多学生也组队参加了比赛,这都是人工智能行业发展的希望所在。

趣问趣答

中国参加过机器人世界杯比赛吗？

我们每年都参加！

机器人需要人在旁边遥控吗？最远的遥控距离是多少？

它支持多种操控方式，既可以用电脑编程控制，也能用遥控器直接操作。用遥控器的话有效距离约 100 米，如果通过网络，从美国远程控制都没问题！机器人在踢足球的时候是完全由 AI 算法自主控制的。

趣问趣答

能用意念控制机器人吗？

未来可能通过脑电波设备实现控制，但现在主要还是语音控制。

请帮我倒一杯水。

好的。

第二节

踢足球，机器人需要哪些能力？

机器人想要实现踢足球的目标，需要具备哪些能力呢？其实和人类踢球需要的能力差不多。

第一，灵活机动——足够的运动能力

机器人要能够随意地转动身体朝向足球，而且通过灵活的、全方向的移动去找到球。然后机器人还得能踢到球，尤其是能踢到运动中的球才行。机器人还要能挡球，特别是守门员，要学会"扑球"等防守动作。还有一个重要问题，那就是如果摔倒了，机器人要能够自己站起来。我们最新的研究成果，就是让两个机器人从零开始，学会了把球踢进球门。

第二，耳聪目明 —— 出色的感知能力

机器人要能够通过自己的感知系统，比如摄像头，识别出场上的对手、足球和球门等，还要能够通过一系列算法，准确判断出彼此的位置、距离和速度。目前我们最新的技术，可以让机器人快速地识别球场上所有它"感兴趣"的物体。

第三，当机立断 —— 完备的决策能力

前面的两项能力是基础，此外机器人还要有自己做决定的能力，要能根据目标和自己的相对位置，分析出接下来应该做什么。比如当机器人看到球时，它可以自主地完成连续的射门过程，从走向足球，到寻找合适的角度，再到起脚射门，这都是在一系列算法的支持下，机器人的决策过程。

完美的角度！

普通人想要成为足球运动员，需要学习和训练；同样，机器人踢足球也需要"强化学习"，这可是一项关键技术。它是怎样进行的呢？

　　首先，我们会在计算机中构建一个虚拟环境，里面会有虚拟的球场、球门、足球、机器人，甚至还会有起伏的路面、重物的撞击等各种干扰……总之，就是尽量做到让虚拟环境与真实环境完全一致，这样的虚拟环境又叫仿真模型。

　　然后，我们会让虚拟的机器人在这个仿真模型中不断训练。在训练过程中，机器人会利用神经网络存储学到的技能，比如射门、防守、捡球、跌倒后爬起等。而且我们还会使用带奖惩规则的训练方式，比如机器人成功将球踢进球门，系统会给予奖励；如果踢出界，系统则会给予惩罚。

最后，当仿真训练完成后，我们会把这些能力从虚拟的机器人迁移（拷贝）到真实的机器人上，这样在实际比赛中，真实的机器人就能灵活运用啦。

"强化学习"技术的应用，大大提升了机器人的运动智能，使它们在足球等复杂任务中表现出接近人类的水平。

还记得 2008 年我参加机器人足球比赛，那时候机器人的动作比较慢，也识别不了复杂的图形，所以只能用一个特殊的橙色球来当足球。

比赛是机器人一对一点球大战，进攻方机器人缓慢地寻找合适的踢球角度，防守方机器人也缓慢地做着基本的防守动作……双方都只能完成基本动作，比赛不太好看。

而到了 2024 年，机器人足球赛已经实现了流畅的 2 对 2 对抗，它们动作迅速又连贯，射门等动作已接近人类水平。这都离不开"强化学习"等一系列技术的重大突破与发展。

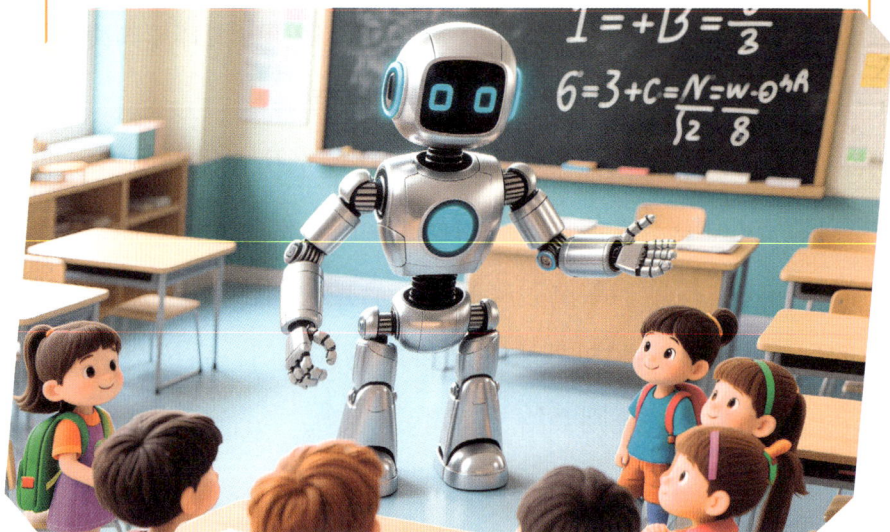

AI 博士小讲堂

算法和程序的关系是什么？

打个比方，我们想制作一个蛋糕，那么算法就像是"蛋糕制作指南"，其中包括：

第一步，
打两个鸡蛋；

第二步，
加一杯面粉；

第三步，
放进烤箱。

而程序就是按照这个指南做蛋糕的实际步骤。

我们还可以用拼乐高玩具来打比方，算法就是乐高拼装说明书，而程序就是按照说明书拼装乐高的过程。

有了步骤说明书，拼装乐高玩具就不是难事了。同学们如果拼装过，相信你们一定对此深有体会。

趣问趣答

机器人能接住人类传的球吗？

现在接慢球没问题，快球可能还接不住。不过它会努力把球追回来！

所有机器人都能踢足球吗？

目前只有双足机器人适合踢足球。我们坚持用人形设计，这样它们才能适应人类环境。

机器人为什么不设计成带轮子的？

轮子确实移动更快，但遇到楼梯就没办法了，人形设计才能适应各种复杂环境。

踢足球，机器人如何能战胜人？

前面我们讲了机器人如何学会踢足球，而要实现 2050 年战胜人类足球队的目标，就得让机器人学会并且适应跟人类踢足球，这是更高的要求，有几个关键领域需要重点突破。

一要有足够的安全性

足球是一项对抗性很强的运动，即使现在人类球队之间的比赛，也经常出现球员受伤的情况。所以在实现机器人足球队与人类对抗的目标之前，首要任务是确保比赛的安全性，必须避免机器人过于强大而给人类球员造成伤害的风险。只

有解决了安全问题，后续的技术突破才有实际应用价值。

为此，科学家需要为机器人配备仿生电子皮肤和人工肌肉系统，让机器人更"柔软"、更"敏感"，既能保证机器人在对抗时不会伤害人类运动员，又能维持机器人应有的运动性能。

二要有更好的运动能力

机器人必须具备超越人类的运动能力，包括更快的反应速度、更强的抗冲击性和跌倒后更快的恢复能力，这是机器人足球队战胜人类的关键。

现代机器人已经能完成奔跑、跳跃甚至后空翻等高难度动作，接近了人类的运动能力，但像"凌空抽射""倒挂金钩"等高难度足球动作，目前机器人还做不到。科学家们有信心通过持续的技术创新，特别是强化学习等先进方法的运用，在不久的未来，使机器人的运动能力超越人类运动员。

三要有更好的团队协作和决策能力

大家知道人类球员虽然各有特点,但配合不好就会影响发挥。而机器人不像人类这么有个性,科学家们可以通过预先设计的算法,让它们实现完美的战术配合。我们相信,通过不断优化算法,未来机器人在战术执行和团队配合方面一定能超越人类球队,这将是它们战胜人类的关键所在。

这需要开发先进的智能决策系统,通过"教练 AI",随时为全队制订和调整战术;还要利用大模型整合赛场信息,建立协同机制,使机器人队员之间能够"心意相通"、自主配合。这些技术创新,将使机器人踢足球从简单的执行命令,进化到真正的智能对抗,并最终实现超越人类足球队的目标。

最后我想说的是，机器人足球队战胜人类球队的目标，到 2050 年一定能够实现！而由此带来的一系列技术突破，也将加快人工智能时代的到来，大家会看到越来越多的机器人走进我们的生活——它们会成为家里的帮手、工厂的工人，甚至是学校里的老师……让我们一起期待这个充满科技魅力的未来吧！

同学们，我来考考你们：

想一想

如果请你们写 3 条指令教机器人做"伸展运动"，该怎么写？

画一画

请画一幅享用早餐的流程图，并标记不同流程导致的结果。

微信扫一扫
关注同学们的
精彩 AI 创意

趣问趣答

现在我们中国研制的、比较厉害的足球机器人能跳多高？能看多远？寿命有多长？

目前能跳 5 厘米左右的高度，还在改进中；视力的话，可以看清 10 米内的足球；寿命方面，预计能用 3—5 年。

机器人能帮我打游戏吗？

这有点儿大材小用啦！现在的机器人即便是演奏乐器也没问题，敲鼓、弹钢琴都会！

第五讲
AI 能帮科学家做什么？

第一节

AI 也会产生幻觉吗？

在开始 AI 探索之旅前，我们先来做个游戏。看看下面这三幅画作和三张照片，你们能判断哪幅画是人类画的，哪张照片是 AI 生成的吗？

游戏时间：猜一猜 ①

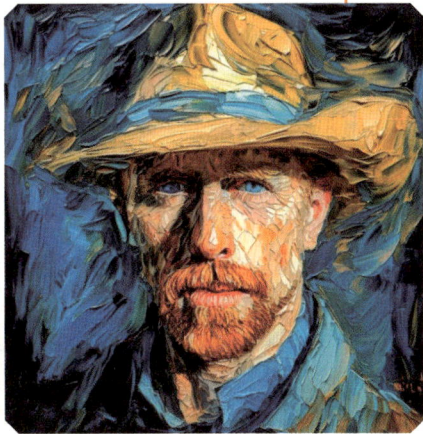

游戏时间：猜一猜 ②

答案揭晓时刻：

猜一猜①中间这幅油画是法国印象派画家莫奈在 1875 年创作的一幅油画，它叫《撑阳伞的女人》；猜一猜②中间这张照片是 AI 生成的。

同学们从哪里看出来照片是 AI 生成的？

因为照片中的月亮太大了。

看来，再强大的 AI 也会露出马脚。科学家们给这种错误起了个有趣的名字，叫 **AI 幻觉**。

下面有请我的小助手来给大家讲讲这个超有趣的知识——

AI 幻觉。

汪汪!同学们好!我是北京大学附属小学的明星机器狗——铁蛋(摇尾巴)。在 2024 年的开学典礼上,我表演了连续 10 个后空翻,虽然摔了 3 个屁股蹲儿(耳朵耷拉),但老师们说,犯错是学习的机会!

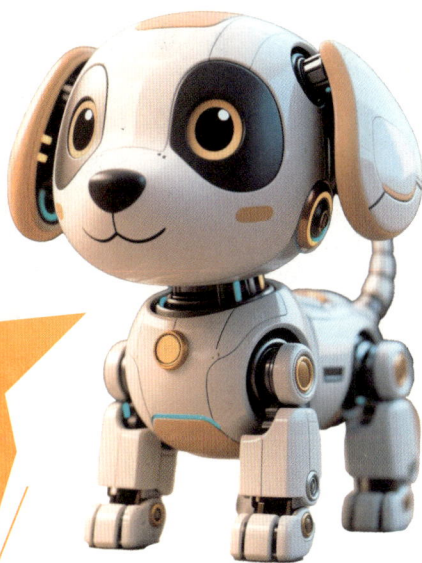

人类如果不小心吃了毒蘑菇,就可能产生幻觉,比如看到小矮人在跳舞,或者觉得自己长出了翅膀飞起来了,听起来是不是特别搞笑?其实呀,AI 产生幻觉时,也会犯可笑的错误:**比如在照片中生成不符合现实的大月亮。**

这是戴着帽子的小狗！

另外，有时给 AI 看一张猫咪戴着帽子的图片，问它图上是什么。AI 可能会自信满满地说："这是戴着帽子的小狗！"明明是猫咪，AI 却看错了，这也是 AI 幻觉。

小心 AI "一本正经地胡说八道"

这些"幻觉"看似好笑，但如果发生在重要的事情上，可能会造成大麻烦。

有个律师曾借助 AI 办案，结果 AI 给出的案例根本不存在，从案件名字到法官姓名，全是 AI 瞎编的。

在医疗方面，AI 也会"闹乌龙"，它可能把"心脏衰竭"和"糖尿病"两个病名混在一起，弄出个从没听说过的"心脏糖尿病"。

AI 博士小讲堂

AI 幻觉是什么？

AI 幻觉简单说就是 AI 产生的幻觉，是指大模型生成与事实不符、虚构或错误的内容。

AI 为什么会"一本正经地胡说八道"？

1. AI 爱"猜谜"：AI 不是真的"知道"答案，它更像在玩"猜猜看"的游戏，喜欢把词语或句子拼得听起来很顺、很合理，但不一定是对的。

2. "学"的资料有错：AI 需要看很多书和资料来学习。如果它看的资料里本身就有错误，或者资料不够新、不够全，它就可能"学错"，或者自己瞎编一个答案出来。

3. 不太懂"为什么"：AI 不像我们人一样真正明白事情的起因和结果之间的逻辑联系，它只是记住了很多例子和模式。当遇到复杂的问题或者它没学过的东西时，它就容易说出不靠谱儿的话。

简单说，AI 更像一个"擅长模仿的语言大师"，而非"掌握真理的思考者"，它的"胡说八道"是因为太依赖看过的资料，它自己并不真正理解现实世界。

AI 博士小讲堂

怎样让 AI 少"胡说八道"？

虽然不能完全避免，但科学家们有办法让它犯错少一点儿：

1. 给它看更好的"书"：尽量让 AI 学习准确、可靠、全面的资料，减少错误信息。

2. 教它"查字典"：让 AI 在回答重要问题时（比如健康、法律问题等），能去查权威的数据库或最新的资料来核对信息。不确定的答案，要告诉人们"这个可能不准"。

3. 别让它答"超纲题"：不让 AI 回答它没学过的新知识或特别冷门的问题，否则它很容易瞎猜。

4. 需要"老师"检查：对于 AI 给出的重要信息，需要真人专家帮忙检查一遍。把 AI 犯过的错误收集起来，教它下次别再犯。

趣问趣答

AI 知道自己犯错了吗？

它不知道哟！它就像背错课文的同学，需要老师加以纠正。

同学们，我来考考你们：

找一找

请圈出图中不合理的 AI 幻觉错误。

第二节

AI 的大脑是怎样工作的？

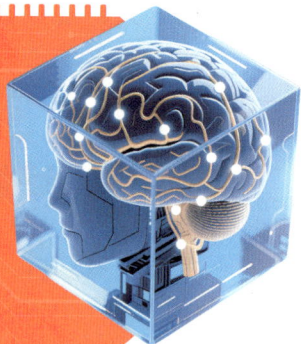

想要了解人工智能的大脑是怎样工作的，就得先知道咱们人的大脑是怎么工作的。

人脑里的"快递站"

我们人类的大脑大概有 860 亿个神经元，要知道，聪明的大猩猩也只有 280 亿个神经元。这么多个神经元串联起来，使得我们人类有了非常厉害的智能。

人类的神经元通过信号通路来传递信号,并对传递来的信号做一定处理,神经元会对其他神经元传递来的、超过一定阈值的信号产生兴奋,而那些未超过一定值的信号,神经元则不做处理。

想象一下,你的大脑里有 860 亿个小小"快递站"(神经元),它们通过"神经小路"(信号通路)互相连接。快递站之间每天要传递无数个"消息包裹"(信号)。每个快递站都有个"重量检测员"(阈值)。如果收到的包裹沉甸甸(信号够强),检测员就会在快递站亮起一盏小灯。快递员就会立刻行动,把包裹加急送到下一个站点。

AI 的脑袋里有什么

科学家们借鉴人类的神经元结构,设计了一个数学模型,包括输入、输出和中间各种算法,可以模拟人的神经元决策。把若干个这样的网络搭起来,就有了人工神经网络。

简单来说,AI 就是通过一个很小的数学模型来模拟人的神经元。

谁的脑袋更省电

我们人脑的能耗大约是 30 瓦特，这个功率足以点亮一个灯泡。而一个模拟人类大脑的超级计算机所消耗的功率有 1 亿瓦特，都可以点亮一座摩天大楼里的所有灯泡了。也就是说，我们用这么大的功率、这么大的能量构建的一个超级计算机，仅仅能够模拟我们人脑的一点点智慧。

小功率，大智慧！

所以说，我们人脑真是奇特又珍贵的。因此同学们一定要早睡早起，养成良好的生活习惯，保护好我们的大脑。

AI 博士小讲堂

人工智能和人类智能一样吗？

智能是人类区别于其他动物的一个专属名词，咱们人类生而具有智能；人工智能是以计算机为载体，来模拟和扩展人类智能的一门学科。

人类智能是天生的、有温度的"生命之光"，包含学习、情感、创造、理解和好奇心等，是生物进化的奇迹。

人工智能是人造的、强大的"智能工具"，通过数据和算法模仿人类的某些智能行为（尤其是计算、识别），目的是延伸和增强人类的能力。

它们的关系就像：

望远镜 vs 眼睛：望远镜（AI）能帮你看清遥远星空（处理海量信息、发现隐藏规律），但只有你的眼睛（人类智能）才能真正欣赏星空之美，并思考宇宙的奥秘。

AI 已锁定M78星云

趣问趣答

AI 会取代科学家吗？

AI 像显微镜，能帮科学家看清看不见的微小世界（比如病毒、细胞），但没有科学家使用它，显微镜自己可不会做研究！

AI 能代替老师给学生上课吗？

AI 像一本会说话的百科全书，能把知识点讲得清楚有条理，但不能像老师一样去观察学生的眼神，察觉谁没听懂，思考"怎么调整讲课节奏更合适"，AI 更没法儿像老师那样把走神的同学拉回到课堂。

AI 是诺贝尔奖的幕后英雄吗？

同学们，你们知道吗？最近几年在世界瞩目的诺贝尔领奖台上，藏着一位幕后英雄，它就是科学家们的"超级小助手"——AI，它能帮助科学家们做研究，为科技发展提供帮助。

破解蛋白质密码

同学们都知道蛋白质吧，弄清蛋白质的结构，就能解锁生命的秘密。以前，全世界最厉害的生物学家花了半个世纪，只弄清楚了 20 万个蛋白质结构。这就好比在沙滩上一粒一粒地数沙子，又难又慢！

但是现在，借助 AlphaFold3（一种人工智能模型）这个 AI "超级放大镜"，科学家们就能在很短的时间里，一下子预测出上亿个蛋白质结构。

　　2024 年，美国科学家戴维·贝克等三人因用 AI 破译蛋白质结构密码获得诺贝尔化学奖。

　　同年，还有两名 AI 科学家也拿到了诺贝尔物理奖。于是网上有人开玩笑说："诺贝尔奖的评委是不是被 AI 绑架啦？诺贝尔是不是被发明 AI 的图灵附体了？"当然不是，诺贝尔奖专门奖励那些为人类科学做出巨大贡献的人。这些用 AI 做研究的科学家，给科学打开了一扇全新的大门，发现了好多以前人类不知道的秘密，当然值得把这么有分量的奖项颁给他们啦！

2024 年诺贝尔化学奖得主

AI 博士小讲堂

AI 里都藏着哪些词？

前面已经介绍过，AI 是 Artificial（人造的）和 Intelligence（智力）这两个词的缩写。

同学们发现了吗？在 Artificial 里藏着"art"这个单词，"art"就是"艺术"的意思。就像艺术家创作美丽的画，AI 也能用独特的方式，创造出超厉害的成果。

AI for Science（人工智能驱动的科学研究）

如今，AI for Science 已经是国家科技实力的体现，尤其是在生物医药、代码生成、芯片设计、材料科学、气候变化、能源、基础物理这些焦点领域，哪个国家走在前面，哪个国家就变得更强大。

小 贴 士

我国目前在 AI 学科的全球排名

AI Rankings（人工智能研究所和作者出版物排名）网站显示：从 2015 年到 2025 年，排在全世界前十名的高校有四所中国的大学。排第一的，就是北京大学。

第四节

生成式 AI 有多神奇？

HELLO AI

生成式 AI 是目前人工智能最火的三个领域之一。只要你给它一个想法，它就能变出故事、画作、音乐，甚至动画！咱们一起来看看生成式 AI 的炫技时刻吧！

"看见"世界的 AI

AI 可以识别，甚至是记忆图像。你用手机拍摄周边的环境，比如桌上的音箱，问 AI 上面那个部分是什么，它会告诉你那是扬声器；你把摄像头对准窗外，问 AI 这是哪里，它会告诉你这里是北京的某个街道；你问 AI 有没有在刚拍摄的视频里看到一串钥匙，它会告诉你钥匙在彩笔的旁边。

"听见"诗意的 AI

生成式 AI 还可以作曲，在网页中输入"举头望明月，低头思故乡"这句诗，AI 几秒钟便可生成一首乐曲。

创造国风动画的 AI

在中央电视台播出的《千秋诗颂》是运用 AI 技术将小学语文教材中的诗词转化成的国风动画。

第一集讲述了《别董大》这首诗。故事始于唐代天宝之初的长安城，琴师董庭兰与诗人高适相识于宰相房琯府上。片中的建筑、酒具器皿、摆件等道具颇为讲究，如城门参照了唐代丹凤门的样式，宰相府中的熏香炉则参考了陕西历史博物馆藏品"桃形忍冬纹镂空五足银熏炉"的造型。主创团队在收集了相关文物的照片后，通过 AI 技术进行了风格化处理，创作出具有国风韵味的画面。

AI 博士小讲堂

什么是生成式 AI？

简单说，生成式 AI 就是一个通过学习海量现存数据，并能根据你的想法，自己创作出新故事、新图画、新音乐的神奇小助手！

1. 它会学习：先学习好多好多的图片、故事、音乐。

2. 创新组合：学会规律后，它能根据你的一个想法，变出全新的东西！比如你告诉它："画一只穿航天服的猫在月球上钓鱼。"它就能画出来！

123

AI 博士小讲堂

生成式 AI 适合做什么?

1. 文本生成

内容创作:撰写文章、新闻稿、故事、诗歌等。

辅助写作:提供写作思路、修改润色文字、翻译多语言内容、生成剧本等。

信息处理:自动生成摘要、整理会议纪要等。

2. 图像视觉创作

根据文字描述生成图像(如图书插画),辅助美术设计、广告创意等。

对现有图像进行修改(如风格转换、元素添加或移除),提升设计效率。

3. 音视频生成

生成或合成语音、音乐片段,用于配音、配乐等场景。

辅助视频制作,生成短视频脚本,进行简单的视频剪辑或特效生成。

4. 其他实用场景

设计参谋:生成产品原型、建筑设计方案的初步构想。

贴身秘书:根据用户需求生成定制化推荐、学习资料、邮件回复等。

做一做

同学们,请你们尝试用 AI 生成工具,为你爱的人(爸爸妈妈、老师、朋友等)创作一首歌曲,来表达你的心意吧。

第五节

AI 还在哪些鲜为人知的领域大显身手？

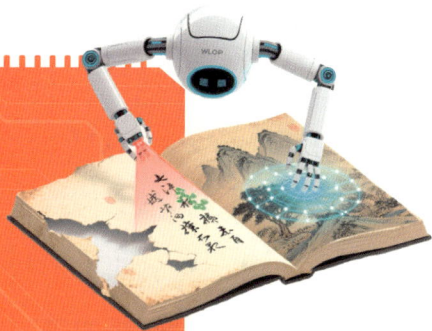

同学们知道吗？ AI 其实每天都在我们身边默默帮忙！当大家用手机拍照时，美颜功能自动帮我们调整肤色，这就是 AI 在"施展魔法"；还有语音助手，不管是问天气、定闹钟，还是让它讲个笑话，只要说句话，它就能立刻响应；学习时有不会做的题也可以拍照请 AI 讲解做题思路。可以说，AI 让我们的生活变得又方便又有趣！

讲笑话

美颜

讲题

除了常见的 AI 使用场景，AI 还在一些鲜为人知的领域施展隐藏技能。比如帮助考古学家推测出马王堆汉墓的女主人辛追的样貌，甚至还原了她的声音，让我们可以和两千多年前的人物对话。

AI 如何还原辛追夫人的容貌？

第一步：搭骨架

科学家们首先找到了辛追的头骨 X 光片，通过 3D 建模技术，把骨头的形状变成了电脑里的立体模型，就像用积木搭出一个"骨头架子"一样。

第二步：学面相

科学家们给 AI 看了好多古代人的头骨和真人脸的照片，通过这种学习，AI 学会了从头骨形状推测人脸的样子。

第三步：造肌肤

AI 会分析头骨的凹凸，推测出肌肉和脂肪的位置，再还原毛发、肤色等细节。

最终，科学家们根据辛追夫人的年龄变化，生成了 35 岁和 50 岁两个版本的数字人。右图就是 35 岁的辛追夫人，她坐姿优雅，穿着汉朝的橘红色汉服，头发梳成漂亮的发髻，完全就是一位贵族夫人的样子。

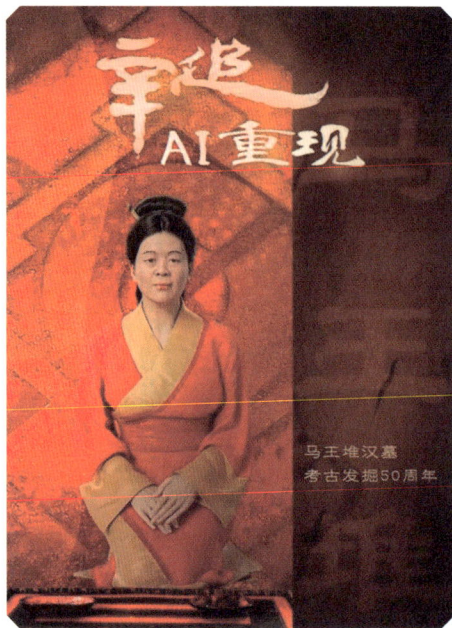

辛追 AI 重现

马王堆汉墓
考古发掘50周年

AI 守护雪山精灵

同学们，你们认识这种动物吗？没错，它就是我国特有的雪豹。雪豹可是超级帅气又珍贵的动物，它们就生活在咱们国家的祁连山上。

以前，为了知道雪豹都在干啥，人们在祁连山中放了好多红外相机，用来捕捉雪豹的活动轨迹 。这些相机可厉害了，每年能拍下十多万张照片！但问题也来了，这么多照片，靠人一张一张地看，得花好多时间和精力，就像让你数完夜空中的星星一样难。

不过现在轻松多啦！因为有了 AI 这个超厉害的"小帮手"。

科学家们先让 AI 反复看雪豹的照片，让它记住雪豹的模样，比如雪豹身上漂亮的花纹、强壮的四肢和长长的尾巴等。等 AI 看了足够多的雪豹照片，积累了许多关于雪豹的知识后，它就能自己分辨不同的雪豹，收集它们的行踪和数量等数据啦。

在 AI 的帮助下，我们能更好地了解雪豹，更好地保护雪豹，让这些可爱又珍贵的朋友，能一直在祁连山快乐地生活下去！

趣问趣答

AI 能复活恐龙吗？

AI 能帮科学家复原恐龙化石，但复活恐龙需要基因技术，AI 不是神仙。

AI 博士小讲堂

AI 是怎么"看见"东西的?

AI"看图识物"要分三步:

第一步:把照片变成"密码"。

AI 先把照片变成它能懂的数字密码(像素矩阵),然后整理照片,比如调大小、去掉模糊的地方,好"看"得更清楚。

第二步:找图片里的"小线索"。

先找关键信息,再看大一些的形状、部件,最后组合成整体结构。

第三步:翻"答案手册"比对。

拿出它学过的数据知识库,把找到的线索和数据库里的图片比一比,再通过算法计算相似度,最终判断图像上是什么。

简单来说,AI 看图就像玩"看图猜物":先把图像变成数字信号,再拆解出关键特征,最后和已知的"标准答案"比对,从而判断图像内容。

AI 利用"人工神经元"思考的示意图

AI 认出一只猫的过程是这样的:

这张图上有毛茸茸的东西!

它有尖耳朵和胡须!

是猫!喵——